© 2020 Chökyi Nyima Rinpoche

Todos os direitos desta edição são reservados.
© 2020 Editora Lúcida Letra

Coordenação editorial: Vítor Barreto
Tradução: Paula Rozin
Revisão: Nádia Ferreira
Projeto gráfico: Aline Paiva
Crédito das fotos: Chris Zvitkovits

Impresso no Brasil.
1ª edição 01/2021

Dados Internacionais de Catalogação na Publicação (CIP)

C546c   Chökyi Nyima, Rinpoche, 1951-.
          Conselhos de coração para coração / Chokyi Nyima Rinpoche ; [tradução de Paula Rozin]. – Teresópolis, RJ : Lúcida Letra, 2020.
          160 p. ; 18 cm.

          ISBN 978-65-86133-12-7

          1. Budismo. 2. Felicidade. 3. Dharma. 4. Sangha (Budismo). 5. Meditação. 6. Consciência. 7. Morte. I. Rozin, Paula. II. Título.

                                                CDU
                                                294.3

Índice para catálogo sistemático:
1. Budismo   294.3
(Bibliotecária responsável: Sabrina Leal Araujo – CRB 8/10213)

Chökyi Nyima Rinpoche

CONSELHOS DE **CORAÇÃO** PARA **CORAÇÃO**

Tradução de *Paula Rozin*

LÚCIDA LETRA

Ter uma experiência da qualidade natural desperta só por um instante, uma vez ou outra, não é suficiente para extinguir permanentemente as emoções perturbadoras e o carma. Devemos desenvolver todo o potencial da mente. Isso é realização.

Chökyi Nyima Rinpoche

SUMÁRIO

Introdução à edição brasileira	9
O valor da renúncia	14
Como ser seu próprio protetor	36
Pratique continuamente	41
Renúncia	43
Métodos	47
Amor e compaixão	48
Unindo sabedoria e método	52
Alegre diligência	55
Aplicando os ensinamentos	56
O estado natural da felicidade	59
Cinco nobres qualidades que nos ajudam a sentir essa felicidade onipresente	59
Satisfação	61
Regozijo	64
Perdão	65
Um bom coração	67
Atenção plena	72

Utilizando os Cinco Poderes nesta vida — 80

A prática do Dharma –
por onde começar? — 80

Vantagens da aprendizagem
e da reflexão — 82

Os ensinamentos do Dharma
são para ser aplicados — 84

Os Cinco Poderes que sintetizam
o treinamento de mente — 87

Utilizando os Cinco Poderes ao morrer — 117

Quatro selos que caracterizam
os ensinamentos de Buda — 118

Aprendendo a arte de viver e de morrer — 121

Abandonando os vínculos e o apego — 123

A prática do Dharma é uma técnica — 131

A prática dos Sete Ramos — 138

Alterando a sequência dos Cinco
Poderes no momento da morte — 159

Posturas importantes e
o Portão de Brahma — 165

Discípulos! — 169

INTRODUÇÃO À EDIÇÃO BRASILEIRA

❖

Estou sentada no *lhakhang*, sala de meditação da Caverna Asura, situada no vilarejo de Pharping, próximo a Katmandu, no Nepal. A sala está lotada e, no espaço, há o dobro de pessoas que caberia ali. No entanto, mesmo diante do desconforto, a atmosfera é de amorosidade e abertura. Chökyi Nyima Rinpoche está prestes a concluir o encontro sobre bondade amorosa e compaixão, retiro que introduziu a Segunda das Três Excelências do programa on-line que aborda o caminho budista completo, e agora se prepara para iniciar a Cerimônia de Refúgio. Pessoas de vários lugares vieram para receber bênçãos e participar da cerimônia. Com o coração enternecido e a mente calma, respiro essa atmosfera amorosa e suave, quase mágica.

No contexto do budismo, quando compreendemos que é nossa própria mente que gera o sofrimento, e que ela é igualmente capaz de criar as circunstâncias que não promovem sofrimento, buscamos tomar refúgio, ou seja, criamos a determinação de encontrar um caminho que nos conduza para além da nossa constante sensação de incompletude e insegurança. Começamos a entender que precisamos mudar de direção, deixar de olhar para fora em busca de preenchimento e soluções para os nossos problemas, e nos voltar para a nossa verdadeira natureza interior. No entanto, para fazer essa mudança, precisamos de orientação: alguém que nos aponte e nos inspire a buscar um novo caminho de transformação (Buda), que nos mostre qual é esse caminho (Dharma), e que nos acompanhe enquanto percorremos o caminho (Sangha).

Chökyi Nyima Rinpoche, nessa cerimônia, nos introduz às três preciosas joias de refúgio – Buda, Dharma e Sangha –, simbolizando que nossa vida ganhou agora um novo propósito: podemos buscar e praticar por nós mesmos o caminho da liberação, tendo o suporte de um mestre realizado e a companhia de outros praticantes que seguem esse vasto caminho. Ao receber o refúgio, reconhecemos que esse caminho está aberto para nós e todos os seres que desejam conhecer a sua verdadeira natureza.

Para nos ajudar a seguir o caminho, recebemos das mãos do Rinpoche um livreto autografado, *Counsels from heart to heart* [Conselhos de coração para coração], contendo transcrições de palestras feitas por ele em diferentes momentos. E é esse livreto – uma luz para nos guiar e iluminar a escuridão dos nossos enganos – que está sendo publicado agora pela Lúcida Letra em português.

Neste livreto, com imensa bondade e compaixão, Chökyi Nyima Rinpoche nos dá instruções diretas e práticas de como praticar e meditar. Como podemos domar a nossa mente e apaziguar o nosso coração? Como podemos nos tornar mais flexíveis e amorosos? Como praticar e fortalecer em vida nosso novo sentido de direção, e como nos preparar para a morte sem arrependimentos no coração?

Rinpoche diz que os ensinamentos do Buda são para ser postos em prática e, se quisermos nos chamar de praticantes, precisamos desenvolver uma experiência direta daquilo que o Dharma ensina. Que este livro ajude as pessoas a desenvolverem a compreensão com base na própria experiência e a despertarem o insight sobre a verdadeira natureza da mente. Que estas instruções penetrem no nosso coração e desvelem nosso amor e nossa compaixão em dimensões cada vez mais amplas. Que possamos seguir estas instruções para o benefício de todos os seres!

Jangchub Drolma, 2020
Tradutora da edição brasileira

O VALOR DA RENÚNCIA

Muitos de nós nos tornamos seguidores dos ensinamentos budistas porque gostamos e apreciamos sinceramente os ensinamentos de Buda. Ninguém nos forçou a ser um seguidor de Buda.

O budismo ensina, por exemplo, que os prazeres do samsara não têm uma essência verdadeira. Pelo contrário, quando investigados, eles se mostram fúteis e sem sentido. Mesmo sendo irrelevantes, nós, humanos, tendemos a passar a vida inteira lutando para satisfazer os nossos mais insignificantes desejos. Pensamos que, se pudéssemos ser mais ricos e mais famosos, seríamos naturalmente mais felizes. Cabe a nós investigar se essa suposição tão difundida é correta ou não.

Os textos dizem que Buda foi alguém que eliminou todas as imperfeições e manifestou todas as boas qualidades. Sendo livre de imperfeições, todos os seus ensinamentos são incontestáveis. Desse modo, sua fala – que chamamos de Dharma – é venerada como perfeitamente imaculada, uma vez que demonstra, de modo direto, a verdadeira natureza dos fenômenos. Embora o Dharma seja considerado livre de máculas, ainda precisamos avaliar se isso é verdadeiro ou não.

Nesse mundo, existem pessoas que creem – poderíamos chamá-las de espirituais –, enquanto outras não adotam nenhuma crença espiritual. As pessoas espirituais, em geral, entendem que é inútil buscar os prazeres sensoriais externos, pois pensam que é impossível alcançar a felicidade duradoura entregando-se aos prazeres do samsara. Por outro lado, aqueles que não têm crenças religiosas, muitas vezes, passam a vida inteira aprisionados a prazeres superficiais, se esforçando para aumentar o saldo bancário e buscar mais satisfação, fama e glórias. Tendem a dar muita importância aos objetos externos, coisas que não têm valor duradouro.

Aqui, somos convidados a investigar esse pressuposto. Será que os prazeres externos realmente nos tornam mais felizes? Será que ficamos realmente satisfeitos após obtermos aquilo que tanto desejamos? Conheço um homem muito rico, dono de vários hotéis espalhados pelo mundo, que ainda se sente infeliz. Ele pensa que não tem hotéis suficientes e até se considera pobre; passa os dias desejando ter mais hotéis e mais dinheiro. Apesar de sua grande fortuna, esse homem permanece profundamente insatisfeito.

A natureza humana é, de fato, muito interessante. De certo modo, somos as criaturas mais inteligentes e inventivas que vivem na Terra. Mas, ao mesmo tempo, somos profundamente perturbados. Somos completamente magnetizados pelos milhares de prazeres fugazes desta vida e pensamos que a existência se resume a isso. Não percebemos que sofremos incessantemente com essa obsessão – o sentimento incômodo de não termos o suficiente. Seja o que for que nos aconteça ou tudo o que conseguimos alcançar, raramente sentimos plena satisfação ou contentamento. Um animal tende a ficar feliz sempre que seu estômago está cheio, mas nós, humanos, acreditamos que precisamos mais do que alimento e bebida para sermos felizes. Se tivermos uma joia, logo vamos querer outra; se tivermos três, logo iremos querer a quarta. Nossos desejos e vontades não têm limites.

Se quisermos nos tornar prósperos, em primeiro lugar, precisamos enfrentar as dificuldades para obter alguma forma de riqueza. A seguir, precisamos proteger aquilo que conquistamos. Não queremos que nossa fortuna diminua, seja roubada ou perdida, nem queimada ou destruída. Depois, surge a ansiedade associada a tentar aumentar nossa riqueza. Muita energia é empregada em querer ficar mais rico, mais famoso, mais respeitado! Será que todo esse dispêndio de energia e esforço vale realmente a pena? Talvez sim, se for para sermos mais felizes do que antes, mas isso raramente acontece. Porém, quanto maior é nosso sucesso material no mundo exterior, mais emoções e preocupações inquietantes surgem no nosso mundo interior.

É claro que, em certo nível, o budismo também acredita que certos objetos externos podem nos dar segurança e proteção. No entanto, ao trilharmos o caminho budista, desde o primeiro instante somos convidados a olhar para dentro e promover uma mudança no nosso modo habitual e rotineiro de ver as coisas – remover nossa obsessão pelo que está fora e conhecer o que está dentro. Assim, o budismo é também conhecido com a "ciência do que está no interior".

Depender apenas dos objetos externos para a nossa segurança talvez nos dê uma aparente sensação de conforto, felicidade e paz mental, mas isso não nos torna budas. Os ensinamentos de Buda Shakyamuni se resumem a conhecer nossa própria natureza; quando esse conhecimento passa a fazer parte do nosso ser, nós nos tornamos budas. Para atingir esse propósito, precisamos voltar nossa atenção para nosso interior e descobrir Buda dentro de nós. Nesse caso, nós próprios seremos nosso protetor e não precisaremos depender de nada fora de nós para nos trazer proteção.

Para ajudar a remover nossos aspectos negativos e manifestar as qualidades positivas enquanto trabalhamos em direção à iluminação completa, recorremos às virtudes do estudo, da reflexão e da meditação. Três tipos de insight surgem dessas atividades. Como budistas, muitas vezes cometemos o erro de pensar que essas três atividades são diferentes; pelo contrário, o ponto principal é nunca separar uma da outra. Sobretudo quando abordamos a meditação, presumimos que significa que deveríamos meditar baseados em alguma visão elevada e profunda. Mas isso é um engano!

Considere, por exemplo, o ensinamento de que os prazeres do samsara são sem sentido. Em primeiro lugar, ouvimos argumentos a esse respeito e entendemos claramente as questões envolvidas. A seguir, investigamos por nós mesmos se a mensagem é verdadeira ou não. Quando estivermos convencidos de que essa mensagem é verdadeira, o terceiro passo – meditar efetivamente – implica em trazermos esse significado para o nosso coração, de modo muito profundo, a ponto de ele influenciar todo o nosso ser.

A partir do momento em que ouvimos e começamos a investigar se esses argumentos fazem sentido ou não, vamos nos sentir menos atraídos pelos prazeres mundanos. Mas, fiquem atentos! Se ficarmos presos na esfera da mera compreensão intelectual, sem deixar que esse conhecimento tenha um impacto real sobre nossos sentimentos mais profundos e nosso comportamento cotidiano, estaremos separando o estudo da reflexão, a reflexão da meditação e assim por diante. Esse tipo de abordagem fragmentada não vai nos levar muito longe.

Poderíamos dizer que há dois tipos de pessoas neste mundo: as que praticam o Dharma e as que não praticam o Dharma. O que as distingue? Aqueles seres que não têm conhecimento do Dharma nunca poderão pensar que vivem em constante ilusão. Podem até admitir que cometem erros como, por exemplo, ver que sua explosão de raiva foi prejudicial. No entanto, com certeza, não vão reconhecer que, desde o momento em que acordam, de manhã, até o momento em que adormecem, estão vivenciando 24 horas de pura ilusão!

Os praticantes do Dharma são diferentes. Aos poucos, se tornam cada vez mais conscientes de que vivem em um estado de delusão. Embora os fenômenos sejam impermanentes, tendemos todos a acreditar que são permanentes e duradouros. Porém, assim que os examinamos atentamente, percebemos que eles não têm uma essência verdadeira. Não existem blocos minúsculos indivisíveis que compõem o Universo! De fato, todos os fenômenos, incluindo nossa própria mente, devem ser entendidos como destituídos de uma existência concreta. Mas, mesmo de posse desse conhecimento, ainda vivenciamos os fenômenos como sendo verdadeiramente existentes. Ou seja, mesmo entendendo que o *eu* – essa figura tão constante e importante da nossa vida – é simplesmente uma falsa suposição, ainda temos a experiência de que o *eu* está solidamente presente e é o centro do nosso universo.

Na verdade, com base em nossa crença obstinada em um *eu,* nos tornamos completamente dominados por todos os tipos de emoções. Vezes sem conta, essa crença no *eu* nos leva a sentimentos de tristeza e infelicidade. Sentimo-nos profundamente apegados a nós mesmos e às pessoas que nos são próximas. E esse apego ao *eu* traz o seu companheiro sombrio – uma aversão sutil a tudo o que consideramos "não eu" e "não meu". Também classificamos os objetos – nossas posses – como pertencentes "a mim", os objetos são "meus". Essa suposição muito enraizada é carregada de emoções; no entanto, se dedicarmos um tempo para realmente investigar essa ideia, talvez possamos perceber que nada pertence a nós. Quando partirmos desse mundo, deixaremos para trás tudo o que sabemos e possuímos. Não poderemos nem mesmo levar este corpo de que tanto cuidamos e procuramos satisfazer ano após ano. Afinal, somos donos do quê? E onde está esse suposto proprietário – esse *eu* mimado – pelo qual tanto discutimos, discordamos, defendemos, desejamos e paparicamos? Até que essas noções falsas sobre a nossa experiência tenham se dissolvido por completo, temos que reconhecer que permanecemos profundamente imersos em ilusões.

Reconhecer nossa ilusão é um passo muito importante, mas só fazer isso não é suficiente. Não há loucura maior do que alguém passar uma vida inteira reconhecendo que está iludido e não fazer nada a respeito. Depois, quando já for tarde demais para fazer qualquer coisa, nos veremos às portas da morte, pensando: "Que tolo eu fui! Desperdicei essa oportunidade preciosa!" Nesse momento, tudo o que conseguimos fazer é bater no peito em desespero. No decorrer de toda a nossa existência, haverá uma constatação mais devastadora do que essa?

Para garantir que isso nunca aconteça conosco, devemos levar essa mensagem ao coração – não importa quão atraente possam parecer os objetos dos sentidos, eles não têm o poder de nos proporcionar nenhuma felicidade duradoura. Quando esse entendimento começa a penetrar em nós efetivamente, ele é chamado de "renúncia".

Renúncia não quer dizer apenas raspar a cabeça ou usar roupas fora de moda e comer alimentos de terceira categoria. Renúncia, aqui, se refere a abdicar de tendências doentias com base no nosso entendimento daquilo que causa sofrimento e insatisfação. Externamente, podemos parecer uma pessoa comum, mas, por dentro, somos diferentes. Por quê? Porque os prazeres sensoriais externos perderam seu domínio sobre nós. Agora, não somos mais enganados pelos objetos dos cinco sentidos. Na verdade, nossa fixação e nosso apego a eles se tornou coisa do passado.

É nosso dever examinar nossa mente com persistência. Por quê? Porque é essencial para o nosso próprio bem-estar, e para o bem-estar dos outros, ficarmos de olho no que está acontecendo dentro de nós, momento a momento, para que possamos perceber quando sentimos apego e anseio pelos prazeres dos sentidos.

Devemos manter a guarda porque os prazeres do samsara são perigosamente poderosos e sedutores. Embora tenhamos entendido intelectualmente que nada de bom pode surgir da busca desenfreada pelos prazeres mundanos, no momento em que percebemos um objeto atraente, anseio, avidez e desejo se movimentam e ficam à espreita. Na verdade, poderíamos dizer que os objetos dos sentidos funcionam como ímãs. Tal como um ímã atrai instantaneamente a limalha de ferro, no momento em que percebemos algo como atraente ou repulsivo, as emoções negativas aparecem.

A quebra dessa reação em cadeia aparentemente automática, que nos aprisiona com tanta força ao círculo vicioso do samsara, depende unicamente de nós. Há muito a ser alcançado se apenas tivermos consciência dessas tendências. O próximo passo é deixar de lado nosso apego e envolvimento com os prazeres sensoriais. Uma vez que nos conscientizamos da natureza impermanente e ilusória dos prazeres sensoriais, a nossa atração por eles se tornará menos imperiosa. Com isso, nossas emoções negativas começam a diminuir.

Podemos nos considerar praticantes do Dharma, mas não seremos capazes de realmente entender e aplicar o Dharma a menos que percebamos a futilidade das buscas mundanas. Na verdade, devemos entender que quanto maior for a nossa renúncia, melhor será a nossa prática do Dharma. O grau do nosso sucesso na prática do

Dharma corresponde diretamente à força da nossa renúncia. Na verdade, só seremos verdadeiros praticantes do Dharma quando abrirmos espaço para a renúncia. Sem renúncia, é muito fácil não conseguirmos achar tempo para nos dedicar à prática do Dharma. Por quê? Porque estamos simplesmente tão envolvidos na cativante busca de fama, riqueza, respeito e coisas do tipo que, nem por um segundo, consideramos o risco de que podemos perfeitamente colher os seus opostos.

Se deixarmos de ficar fascinados pelos objetos externos, fascínio esse que nos escraviza a eles, a influência das emoções negativas começará a diminuir.

As emoções negativas nada mais são do que sementes de calamidade. Fortes emoções negativas, tais como raiva e ambição, são fáceis de reconhecer e, portanto, um pouco mais fáceis de serem abandonadas.

Mas há duas emoções muito difíceis de reconhecer e muito mais difíceis de serem eliminadas – a inveja e o orgulho. Para nós, praticantes do Dharma, essas duas emoções se assemelham a ladrões astuciosos que facilmente roubam toda a nossa riqueza espiritual.

A inveja e o orgulho são especialistas em tramar uma ilusão muito convincente – a da separação entre "eu" e "outro". Quando temos arrogância, não conseguimos nos relacionar com outras pessoas de uma forma aberta e descontraída. Em outras palavras, prevalece uma antipatia sutil em relação aos outros. O mesmo ocorre com a inveja. A inveja nos faz sentir tensos, inseguros, nervosos e um pouco agressivos. Podemos pensar: "Talvez o meu amigo seja melhor do que eu". Esse pensamento é acompanhado por sentimentos de insegurança, agitação e hostilidade. O medo também se infiltra aqui. De um modo geral, as emoções negativas não surgem isoladamente uma após a outra, mas em combinações complexas. Em geral, uma série de outras emoções negativas vem colorir o pano de fundo de uma emoção predominante. Dessa forma, a inveja e o orgulho são como véus ofuscantes que caem sobre o nosso rosto, nos impedindo de ver as outras pessoas e de nos relacionar com elas de forma aberta, carinhosa e direta. Sempre que estabelecemos uma forte distinção entre nós e os outros, reforçamos nossa tendência já tão enrijecida de perceber o mundo de uma forma dualista.

A tendência de ficarmos tão obcecados com os outros nos torna cegos em relação às nossas próprias deficiências. Embora estejamos plenamente conscientes das falhas dos outros, raras vezes notamos as nossas próprias imperfeições. É difícil o Dharma exercer qualquer efeito positivo sobre nós, se mantivermos uma estrutura mental que se ocupa de um olhar perspicaz sobre as falhas dos outros.

Um dos significados do Dharma, ou *ch*ö, em tibetano, é mudar e transformar, pois a mudança e a transformação são o verdadeiro propósito do Dharma. Praticado corretamente, ele transformará a nossa atitude rígida e erradicará as nossas falsas crenças. Se o Dharma não tiver efeito sobre nós, então, a nossa prática do Dharma não terá servido para nada. Os aspectos rígidos, tensos e perturbados da nossa mente precisam ser amaciados. Quando a mente se tornar amorosa e bondosa, as emoções negativas terão automaticamente diminuído. A diminuição das emoções negativas é o melhor sinal de que realmente nos tornamos praticantes do Dharma.

Isso depende muito da nossa capacidade de renunciar. Reiterando, a renúncia é um estado de espírito que deseja deixar de causar danos a si mesmo e aos outros. É uma mente bem consciente da natureza impermanente e insubstancial dos fenômenos samsáricos, e que não quer mais ser tripudiada e enganada pelo samsara. Essa mente não tolera mais os truques das aparições reluzentes que tentam nos seduzir a desperdiçar o nosso precioso nascimento humano.

Com base em um sentido genuíno de renúncia, outras boas qualidades brotarão como, por exemplo, a compaixão, que percebe como os seres sencientes continuam a sofrer inutilmente. Sem nunca encontrar satisfação, os seres buscam incansavelmente miríades de prazeres sensoriais, divertimentos fugazes e ilusórios que, ao fim, só os levarão a um envolvimento cada vez mais profundo no samsara e a um sofrimento cada vez maior.

Devoção e fé são qualidades indispensáveis para os praticantes do Dharma e florescem em uma mente que tenha desenvolvido renúncia.

Quanto digo devoção e fé não estou me referindo ao que chamamos de "fé cega". Na verdade, fé e devoção autênticas estão imbuídas da certeza genuína que surge quando investigamos a natureza dos fenômenos. Lentamente, chegamos a compreender a natureza impermanente dos fenômenos condicionados que, embora se manifestem e apareçam, são, na verdade, totalmente desprovidos de qualquer existência substancial. Dessa forma, são aparecimentos vazios. A confiança nesse entendimento se manifesta como fé e devoção. Por quê? Porque percebemos que aquilo que Buda ensinou não é uma teoria distante e impraticável, mas sim uma descrição da verdadeira natureza das coisas tal como são.

Esse ensinamento foi proferido espontaneamente por Chökyi Nyima Rinpoche em 8 de março de 2010, na sua sala pessoal de meditação, no Monastério Ka-Nying Shedrub Ling, em Katmandu, no Nepal. Foi traduzido e transcrito do tibetano por Heidi Köppl e editado por Jangchub Khandro.

COMO SER SEU PRÓPRIO PROTETOR

❖

No budismo, há um verso que diz: "Os Sábios – os budas do passado, do presente e do futuro – não podem remover o mal como se o lavassem com água. Não podem usar as mãos para remover o sofrimento dos seres sencientes, nem podem transferir sua própria realização aos outros." Isto pode soar um pouco estranho e talvez até um pouco deprimente, mas esse verso tem uma mensagem importante para nós.

Dizemos que os budas são infinitamente bondosos, infinitamente amorosos e infinitamente compassivos. Possuem qualidades inconcebivelmente amplas de sabedoria, tal como a capacidade de resgatar e proteger os seres sencientes, bem como a capacidade de realizar atividades iluminadas em todas as esferas de tempo e espaço. Ora, se têm essas habilidades, por que não podem acabar com todos os nossos sofrimentos e nos abençoar com suas realizações? Sem dúvida, os budas deveriam fazer isso caso sejam – como se supõe – bondosos e amorosos; mas, na verdade, os budas não podem fazer isso por nós.

Então, por que exaltamos tanto os budas? É porque eles realmente podem nos libertar do sofrimento nos mostrando a verdade absoluta do estado natural da mente. Esse estado natural da mente está presente em cada um de nós. Ele é a base de onde emergem todos os seres sencientes em todos os seis reinos. Infelizmente, esse estado natural está temporariamente encoberto. Assim que reconhecermos a verdade do estado natural da mente, despertaremos para a iluminação completa e nos tornaremos iguais a todos os budas.

A prática do budismo é um caminho destinado a mudar a nossa perspectiva e nos ajudar a reavaliar nossas experiências e transformar nossa relação com o mundo. Podemos garantir que isso vai acontecer se permanecermos conscientes dos nossos pensamentos e tentarmos eliminar até mesmo a tendência mais sutil de pensar de maneira agressiva e hostil.

O próprio Buda disse: "Se domar cuidadosamente seu próprio ser, você se tornará um protetor raro e precioso." Portanto, esteja atento a seus pensamentos e você naturalmente será o seu próprio protetor. Na verdade, ter consciência dos nossos pensamentos é nossa responsabilidade. Aqueles que se interessam pelos ensinamentos do Buda, e que gostariam de seguir os seus passos, devem compreender que a prática budista é essencialmente mental. Por quê? Porque para cada um e para todos os pensamentos que surgem, no instante em que surgem, existe a oportunidade de praticar. Se tivermos um pensamento negativo, devemos ao menos tentar transformá-lo em um pensamento neutro. Na melhor das hipóteses, um pensamento neutro deve ser transformado em um pensamento positivo. Então, podemos nos aperfeiçoar constantemente por meio do reconhecimento dos nossos próprios pensamentos.

Os praticantes budistas identificam o pensamento como o seu principal objeto de prática e, por meio da prática, conseguem transformar a sua mente. Como Nagarjuna ensinou:

> "Samsara é apenas pensamento. Quando não tivermos pensamentos, seremos perfeitamente livres."

Nos ensinamentos shravakayana, Buda enfatiza que precisamos ter consciência tanto daquilo que motiva a ação, quanto da ação propriamente dita – se ela beneficia ou prejudica os outros. E os praticantes shravakayana fazem disso a sua prática fundamental. Como seguidores desses ensinamentos, nosso principal objetivo é destruir as ações negativas.

Então, é nosso dever permanecermos muito alertas e conscientes do que está acontecendo em nossa própria mente a cada momento, a fim de examinarmos como estamos vivendo a nossa vida. À medida que nos tornamos mais e mais conscientes, alertas e atentos aos nossos padrões de pensamento, devemos evitar pensamentos que visam causar sofrimento aos outros. Podemos abrir mão desse tipo de pensamento impulsivo e, com isso, abandonar as ações negativas. Na verdade, esse é um método por meio do qual podemos realmente proteger a nós mesmos e nos tornar nossos próprios protetores.

Pratique continuamente

As pessoas que visitam um templo budista para ouvir um ensinamento do Dharma podem pensar: "Agora estou praticando o Dharma!". Da mesma forma, aqueles que vão a uma igreja podem pensar: "Já fiz minhas orações", e considerar que essa foi a sua prática. No entanto, se recorrermos apenas a esse tipo de prática, não faremos realmente muito progresso. Não devemos pensar que a nossa prática deve ser feita em certo lugar ou em um ambiente específico. Precisamos apenas reconhecer o pensamento que estamos tendo agora, seja ele qual for – bom, mau ou neutro – e fazer dele a base da nossa prática.

Prática não é algo que fazemos exclusivamente com nosso corpo e nossa fala, mas é algo que fazemos com nossa mente. Nesse caso, a nossa mente deve ser o ponto principal da nossa atenção. Isso é algo que podemos fazer em qualquer momento, não apenas durante as sessões de prática formais, mas desde o momento em que acordamos até o momento em que vamos dormir, à noite. Durante todo o dia, devemos estar plenamente conscientes e cuidando do que se passa na nossa mente. Dessa forma, seremos capazes de identificar cada pensamento à medida que surgir e transmutá-lo para melhor. Assim, nos tornaremos pessoas melhores.

Nossa prática não deve apenas se limitar a sessões formais, mas deve ser contínua, do início ao fim do dia. Quando desenvolvermos alguma estabilidade, poderemos até tentar expandir o nosso aprendizado e nos treinar na prática da luminosidade durante o sono. Se formos capazes de reconhecer o estado natural durante o sono, então a nossa prática não cessará apenas porque fomos dormir. No entanto, isso leva tempo e esse tipo de prática noturna é difícil para os iniciantes.

De modo ideal, é assim que devemos entender a nossa prática diária e, se pensarmos dessa maneira, ela se tornará realmente transformadora. É por causa disso que a tradição oral diz que a prática deve ser permanente e contínua, tanto no decorrer do dia quanto à noite.

Renúncia

De um modo geral, a renúncia é um aspecto importante dos ensinamentos de Buda.

A que devemos renunciar? No sentido mais profundo, "renúncia" significa abrir mão das emoções negativas tais como orgulho, inveja e raiva que, mais cedo ou mais tarde, vão prejudicar a nós e aos outros. Cada um de nós experimenta essas emoções negativas em algum grau e, portanto, devemos todos renunciar a elas.

Sempre que o apego surge, muitas outras emoções perturbadoras como orgulho, inveja, felicidade, tristeza, competitividade, decepção e outras também vêm à tona, uma após a outra. Desejo significa "anseio por" e pode se referir a qualquer coisa – o desejo pode ocorrer com base em objetos de forma, som, cheiro, gosto ou sensação; em termos gerais, é possível desenvolver apego por qualquer coisa que vemos, ouvimos, saboreamos, tocamos e sentimos. Os objetos dos sentidos podem nos aprisionar com base no apego.

Podemos também olhar para isso de outra maneira. Vamos nos usar como exemplo. Hoje, sentimos um forte apego por tudo o que parece agradável, não é verdade? Formas lindas, sons melodiosos, aromas sedutores, sentimentos agradáveis. Isso é o que chamamos de "prazer contaminado" ou "felicidade contaminada", pois é instável. Tal como uma flor, o belo logo se tornará feio. Flores frescas parecem muito bonitas por dois ou três dias, mas logo murcham, ficam feias e cheiram mal. Quando as flores estão frescas e bonitas, queremos colhê-las o mais rápido possível para desfrutarmos de suas cores e do aroma agradável, mas quando murcham com o passar do tempo, imediatamente, queremos nos livrar delas. Por um lado, isso não parece justo, mas, por outro, não temos escolha a não ser descartar as flores mortas.

Ninguém gosta de envelhecer, mas também não temos escolha quanto a essa questão. Ninguém quer ficar doente, porém, mais uma vez, não temos escolha. A maioria das pessoas quer evitar a morte a qualquer custo, mas, sabemos, isso é impossível de se fazer. É assim que as coisas são.

Então, qual é o verdadeiro objeto da nossa renúncia? No nível mais básico, devemos renunciar, sim, à nossa falha em reconhecer o estado natural. Deveríamos estar cansados, realmente fartos disso! Seria bom que ficássemos cada vez mais esgotados e não tolerássemos mais a nossa situação atual até que, realmente, reconhecêssemos o estado natural da nossa mente!

O que acontece quando deixamos de reconhecer nosso próprio estado natural? Confundimos os fenômenos que são inerentemente falsos e ilusórios como sendo verdadeiros; confundimos como permanente tudo o que é transitório. Quando começamos a ter mais consciência, podemos pensar: "Muito bem, agora eu entendo! Aquilo que pensei que realmente existisse, não existe, e aquilo que pensei que realmente durasse, na verdade, é apenas passageiro. Tenho vivido equivocado e agora preciso me livrar completamente dessa confusão." Essa é a chave para entender a renúncia.

Métodos

Os métodos budistas consistem de vários tipos de treinamento. Treinamo-nos em generosidade e em beneficiar os outros dando a eles o que for necessário, tal como bens materiais e riquezas, ou ministrando ensinamentos do Dharma para os que necessitam. Também nos treinamos em disciplina, a fim de beneficiar os outros e não prejudicá-los. Treinamo-nos em paciência para não retaliar quando somos agredidos, censurados ou injustamente acusados de algum tipo de falha. Treinamo-nos em diligência, nos esforçando alegremente para beneficiar os outros, e nos treinamos em vários tipos de concentração meditativa, tal como o calmo permanecer.

Os métodos são importantes e, se não os aplicarmos corretamente, será difícil gerar sabedoria. No entanto, os métodos em si mesmos não são suficientes. A menos que possamos recorrer aos cinco treinamentos acima mencionados para alcançar a sabedoria que realiza o estado natural de todos os fenômenos tal como são, nos esforçarmos apenas para conhecer esses treinamentos não será suficiente. Isso não nos levará à liberação final.

Amor e compaixão

Dentre todos os diferentes métodos descritos no budismo, o melhor é o que gera amor e compaixão. Na verdade, a compaixão é essencial. Muito poderia ser dito sobre "compaixão", uma vez que há tanto para ser entendido. Falando de modo geral, qualquer ser que tenha uma mente tem, automaticamente, esse potencial compassivo. Os animais e até mesmo os insetos mais minúsculos também têm compaixão latente. Precisamos alimentar e ampliar o nosso potencial de compaixão para que ele se desenvolva e floresça plenamente.

Há diferentes tipos de compaixão, mas geralmente falamos da compaixão que é repleta de amor e bondade. O que é isso? É o desejo sincero de que todos os seres sencientes – não apenas um punhado deles, mas todos – tenham a felicidade e a causa da felicidade. Quando falamos de "felicidade e causa da felicidade", a "causa da felicidade" é muito importante! O que queremos dizer com isso? A causa da felicidade é um coração bondoso, a mente desperta do amor e da bondade aliada à compaixão. Ou podemos dizer que é a união da compaixão e da visão que realiza a ausência de *eu*. Tendo realizado essa unidade, que em si mesma é um coração bondoso e de onde surge toda a felicidade, qualquer pessoa é capaz de gerar amor e bondade.

Poderíamos definir compaixão como o desejo de que todos os seres sencientes sejam livres do sofrimento e da causa de sofrimentos futuros. Mas o que é "sofrimento" e qual é a "causa do sofrimento"? Comumente falando, o sofrimento pode ser resultado de uma doença física ou de pensamentos negativos que abrigamos na mente.

Podemos resumir os aspectos negativos da mente em raiva, apego e delusão. Dentre eles, a verdadeira causa da infelicidade e do sofrimento é a delusão, pois sob a ação desse estado de ilusão, deixamos de reconhecer o estado natural da mente. Falhando em reconhecer o estado natural, ficamos absolutamente convencidos de que todos os fenômenos ilusórios que vivenciamos ao longo do dia existem, e consideramos aquilo que é impermanente como sendo permanente. Com base nessa falta de entendimento, nos apegamos às coisas e desenvolvemos todos os tipos de emoções aflitivas. Se realmente quisermos entender a verdadeira causa do sofrimento, devemos entender que a causa é a nossa perspectiva equivocada que não reconhece o estado natural. Assim, se quisermos nos livrar completamente do sofrimento, precisamos erradicar a delusão – além dessa, não há outra maneira.

Se treinarmos o tipo de compaixão que aspira que todos os seres sencientes, sem exceção, sejam felizes e tenham a causa da felicidade, e sejam livres do sofrimento e da causa do sofrimento, então será muito difícil termos raiva, orgulho, ressentimento ou sermos competitivos. Todos esses estados mentais negativos tenderão a diminuir até desaparecerem por completo.

Unindo sabedoria e método

Devemos compreender a importância de unir sabedoria e método. Vamos fazer uma analogia com uma pessoa que precisa cruzar uma cadeia de montanhas. É claro que essa pessoa terá braços e pernas para caminhar, mas também precisará ter uma boa visão. Seus braços e pernas são o aspecto "método", enquanto seus olhos são o aspecto "sabedoria". Se esta pessoa tiver uma excelente visão mas seus braços e pernas não funcionarem bem, será difícil cruzar a cordilheira. Da mesma forma, se a pessoa tiver braços e pernas fortes mas não conseguir enxergar muito bem, sua escalada também será complicada. Do mesmo modo, assim como uma pessoa precisa de braços e pernas fortes e também de uma visão bem aguçada para escalar uma montanha, nós, como praticantes, precisamos ter método e sabedoria para progredir na nossa prática.

Tradicionalmente, é dito que há três tipos de sabedoria – a sabedoria que advém da audição, a sabedoria que advém da contemplação e a sabedoria que advém da meditação. Uma sabedoria é a base da outra e as três dependem umas das outras. Por exemplo, ao ouvir os ensinamentos, temos a capacidade de refletir sobre eles e eliminar as dúvidas sobre o tema tratado. Ou seja, tendo ouvido os ensinamentos, refletido sobre eles e dissipado as dúvidas, poderemos finalmente colocá-los em prática e alcançar o conhecimento que resulta do treinamento da meditação. O conhecimento que advém do treinamento da meditação é o mais importante de todos, mas não ocorrerá se, em primeiro lugar, não tivermos refletido sobre o ensinamento ouvido anteriormente. É por isso que essas três sabedorias são igualmente importantes e atuam com base umas nas outras. No entanto, o objetivo das duas primeiras sabedorias é gerar o terceiro tipo – a sabedoria que resulta do autêntico treinamento em meditação.

Dos tipos diferentes de sabedoria, o melhor deles é realizar a não existência do ego – a ausência de um eu. Se formos capazes de habilmente combinar sabedoria e método, nossa prática do Dharma será isenta de dificuldades e será fácil alcançar a liberação. Do que vamos nos libertar? Vamos nos libertar do carma – ações cármicas, resultados cármicos e emoções perturbadoras. Quando nos livramos das ações cármicas e das várias emoções perturbadoras, atingimos a liberação.

Alegre diligência

Se quisermos ter sucesso até mesmo nos empreendimentos mundanos, a diligência é essencial. No nosso caso, devemos ter uma alegre diligência que se fundamenta em renúncia, compaixão e confiança. Se tivermos esse tipo de diligência, então, como praticantes, não passaremos por dificuldades nem vamos nos cansar da nossa prática do Dharma. Na verdade, se formos tomados por esse tipo de diligência, seremos naturalmente compassivos, apreciaremos o estado natural e renunciaremos automaticamente aos aspectos negativos da nossa mente.

Tendo como base a alegre diligência associada a renúncia, compaixão e confiança, seremos capazes de reconhecer com facilidade, e de maneira eficaz e rápida, a sabedoria que deve ser alcançada. Essa "sabedoria" se refere ao estado natural da mente, também conhecido como "a talidade da mente" – a mente como ela é. Se formos um praticante que cultiva renúncia, compaixão, devoção e percepção pura, e aplica essas qualidades de modo incansável e alegre, então poderemos realmente experienciar a mente tal como ela é. Na verdade, será fácil reconhecermos a natureza da mente, ou seu estado natural. Quando realizamos o estado natural da mente, nós nos tornamos iguais aos budas.

Aplicando os ensinamentos

Seria um erro nos deixarmos levar pela beleza da mensagem de Buda, pensando: "Ah, o Dharma é maravilhoso!"; e talvez até mesmo cair sob a influência de uma noção de vaidade por sermos budistas, pensando que outras tradições espirituais são, de certa forma, inferiores. Não basta apenas apreciarmos os ensinamentos – eles existem para serem aplicados. Não basta apenas ter fé nos ensinamentos; eles precisam nos inspirar. Inspirar a ponto de desejarmos trazê-los para o coração e aplicá-los em nossa vida diária; só então começaremos a sentir uma mudança ocorrendo dentro de nós. Caso contrário, pode acontecer de os ensinamentos se mostrarem apenas uma experiência fascinante. Corremos o risco de simplesmente nos tornarmos ainda mais tendenciosos, pensando que a perspectiva budista é muito superior a qualquer outra – e, assim, ficarmos presos a essa noção. Em vez disso, precisamos entender que os ensinamentos devem ser aplicados imediatamente. O propósito dos ensinamentos é provocar uma mudança para melhor em nós mesmos.

Como o Buda disse:

"Posso mostrar-lhe o caminho para a liberação, mas adotar esse caminho ou não depende só de você. Seja o seu próprio protetor."

Traduzido por Thomas Doctor.
Junho de 2009.
Editado por Jangchub Khandro.

O ESTADO NATURAL DA FELICIDADE

❖

Cinco nobres qualidades que nos ajudam a sentir essa felicidade onipresente

Todos nós sabemos, pelo menos intelectualmente, que o Dharma do Buda não é apenas um tema a ser estudado, nem é simplesmente algo para ser praticado em nossa almofada de meditação. Mas, na agitação da nossa vida diária, é muito fácil esquecer que a qualidade da prática formal está intimamente ligada à qualidade da nossa mente, momento a momento. Praticantes de todos os níveis podem se beneficiar das instruções de como enriquecer a sua própria vida, e a dos outros, cultivando cinco nobres qualidades que estão ao alcance de todos nós: a satisfação, o regozijo, o perdão, um bom coração e a atenção plena.

A natureza básica da nossa mente é essencialmente boa. Buda ensinou que todos os seres são budas encobertos por obscurecimentos momentâneos; quando esses obscurecimentos são removidos, a qualidade búdica se revela e todos se tornam autênticos budas. A verdadeira identidade de todos os seres sencientes, e não apenas a dos seres humanos, é um estado natural incondicionado – a natureza básica pura e perfeita. Temos uma capacidade inata para cuidar dos outros e para o entendimento; isso não é uma consequência de nossa criação ou educação. Praticar o Dharma significa simplesmente desenvolver e cultivar essas qualidades intrínsecas. Essa é a nossa tarefa, essa é a nossa responsabilidade.

De acordo com o enfoque budista para a espiritualidade, a capacidade de cuidar inclui o amor e a compaixão. Nosso objetivo é cultivar o amor e a compaixão até que sejam ilimitados e totalmente livres de qualquer parcialidade. A capacidade de entendimento, quando desenvolvida no seu máximo, é chamada "sabedoria que realiza a ausência de ego", o insight que vê que o *eu*, ou a identidade pessoal, não tem nenhuma existência concreta.

Satisfação

Existem muitos métodos convencionais para expandir infinitamente a nossa bondade e a nossa compaixão para que a visão correta se realize. Satisfação ou contentamento é um bem valioso não só para as pessoas ditas espirituais, mas para todos. A insatisfação arruína todas as chances de felicidade e bem-estar, pois a verdadeira felicidade está imediatamente presente no momento em que nos sentimos contentes e satisfeitos. A partir de hoje, não importa o quê, tente apreciar o que você tem – o conforto da sua casa, o prazer de ter as suas posses e a bondade que vem das pessoas próximas a você. A felicidade já está presente e acessível a todos e a cada um de nós.

Muitas vezes, quando imaginamos o que é preciso para ser feliz, nos voltamos para algum lugar ou outro objeto que ainda não conseguimos ter e pensamos: "Estou quase lá, estou a caminho... Posso chegar lá, mas ainda não cheguei." Enquanto a sensação de realização estiver distante, continuaremos a nos sentir insatisfeitos. Quando não conseguimos o que queremos, nos sentimos infelizes. Ironicamente, quando conseguimos o que buscamos, isso também não é tão satisfatório e ainda nos sentimos infelizes. A grama do vizinho é sempre mais verde!

Todos sabemos que aqueles que nada têm sofrem muito. Isso é compreensível, pois se sentem famintos e têm muitos outros problemas; talvez sintam muito calor ou muito frio. Mas quem é que se sente realmente feliz?

Precisamos investigar seriamente se aqueles que têm fama, poder e fortuna são felizes, e se os que nada têm são sempre infelizes. Quando examinamos, vemos que a felicidade não se baseia em objetos, mas sim no estado mental da pessoa. Por essa razão, as pessoas que são realmente felizes são aquelas que apreciam o que têm. No exato momento em que nos sentimos satisfeitos, temos uma sensação de plenitude.

Os ensinamentos de Buda seguem a lógica do bom senso. Por um lado, é muito simples: todos estamos em busca da felicidade. Como podemos ser felizes sem precisar fazer um grande esforço? Sempre que apreciamos o que temos, sentimos felicidade. Esse esforço é uma técnica inteligente. Podemos ter uma vida muito simples, mas ainda assim podemos pensar: "Essa flor é linda! Essa água é deliciosa!" Se formos muito exigentes pensando que isso ou aquilo é errado, então, nada nunca será perfeito. Precisamos aprender a sentir satisfação para que possamos ver tudo o que temos como precioso, verdadeiro e belo. Caso contrário, é como se estivéssemos correndo atrás de uma miragem após a outra.

Regozijo

A segunda nobre qualidade é o regozijo. A nossa bondade fundamental é obscurecida por emoções negativas. Buda disse que há 84 mil tipos de emoções negativas, mas, entre essas, existem duas especialmente problemáticas porque são muito difíceis de perceber: o orgulho e a inveja. A inveja é um dos maiores e mais desnecessários tipos de sofrimento mental. Se a vida de outra pessoa é melhor do que a nossa, sentimos inveja, raiva e ressentimento. Por vezes, sentimos muito desconforto – nossa comida perde o sabor, temos problemas para dormir e nossa pressão arterial pode subir. O regozijo é o segundo remédio inteligente para esse tipo de autotortura inútil. Em nossa mente, podemos nos alegrar com a felicidade das outras pessoas. Existe alguma maneira mais fácil de alcançar a felicidade?

Perdão

A terceira nobre qualidade é o perdão, e ela é muito importante. O orgulho pode ser muito poderoso. Mesmo nos momentos em que nos sentimos amorosos e carinhosos, se não estamos nos dando bem com alguém e nosso coração está dizendo que "a melhor coisa a fazer é simplesmente perdoar", por trás dessa voz há outra dizendo: "Não, não, você tem razão, você não fez nada errado". O orgulho constantemente nos impede de perdoar os outros, ato esse que é tão saudável e bonito.

Perdoar e se desculpar tem o poder de curar completamente as desavenças, mas precisamos entender como e quando pedir desculpas. Se o fizermos cedo demais, a situação pode ainda estar instável. Precisamos encontrar o momento adequado; a seguir, devemos ter cuidado com as palavras que vamos usar, com o nosso tom de voz e até mesmo com nossos gestos e expressões faciais. Cada um deles tem muita energia e muita força e, se formos descuidados, não seremos tão eficientes. Se, por outro lado, nosso pedido de desculpas for feito com muita sinceridade, sempre seremos capazes de encontrar a paz, o respeito e a compreensão mútuos.

Um bom coração

A quarta nobre qualidade, e mais importante de todas, é ter um bom coração. Como tudo o mais, para ter um bom coração precisamos examinar, até termos clareza, o que é o verdadeiro bem-estar, tanto no sentido temporário como no de longo prazo. As fontes de felicidade e bem-estar não são apenas o amor e a compaixão, mas também o insight sobre a verdadeira natureza da realidade, pois alguém que reconhece plenamente a realidade se torna um Tathagata, ou Plenamente Desperto. Por outro lado, a origem do sofrimento está no ódio, no desejo e em uma mente fechada. Essas são as três raízes de onde se originam todos os nossos problemas.

Uma "visão correta" significa conhecer a natureza das coisas exatamente como ela é: a natureza básica e essencial dos fenômenos. Essa visão tem a ver com a forma como vivenciamos as coisas. Para nós, tudo o que se apresenta parece ser real e sólido, mas, na verdade, é apenas uma mera impressão de algo que ocorre como resultado de causas e condições. Em si mesmas, as coisas não têm nem uma única partícula de existência sólida. É por isso que Buda ensinou que todos os fenômenos são vazios, embora ocorram em uma relação interdependente. Por isso, é bom estudar os doze elos internos e externos da "originação dependente". Isso nos permitirá ver que a mente é de primordial importância; tudo depende dela. Tudo o que é vivido, sentido ou percebido depende da mente – a mente que experiencia, observa e conhece.

Por que será que Buda disse que todos os seres sencientes são confusos ou desorientados? Será que os seres sencientes são realmente confusos? Pode ser que Buda estivesse errado e que todos os seres sencientes não sejam confusos. Precisamos investigar essa questão porque uma das duas partes está definitivamente equivocada. Buda também disse: "Não aceitem minhas palavras sem questioná-las." Se elas forem incorretas, então devemos nos manifestar a esse respeito. Estamos autorizados a examinar por nós mesmos as palavras de Buda e a indagar se ele estava errado ou não.

Vamos dar um exemplo. Buda disse que todas as coisas compostas são impermanentes e irreais. No entanto, nossa sensação natural é de que as coisas são reais e permanentes. Buda, sem dúvida, nos desafiou ao dizer que não nos preocupamos em investigar a fundo e não questionamos nossas próprias crenças. Quando o fazemos, descobrimos que as coisas não são realmente como parecem. As coisas são recompostas repetidas vezes, momento a momento, por causas e circunstâncias. Quando começamos a examinar cuidadosamente e a dissecar os objetos, também vemos que eles são feitos de partes cada vez menores: moléculas, átomos e partículas infinitesimais. Se as pessoas se dessem ao trabalho de examinar dessa maneira, descobririam que até mesmo o átomo não existe.

À medida que o sofrimento e a preocupação diminuem, a nossa maneira confusa de vivenciar as coisas também diminui e começamos a entender como os outros seres se sentem. É aqui que a verdadeira compaixão toma conta de nós e a devoção sincera e inabalável começa a se desenvolver. Esse é o despertar da confiança irreversível ou inabalável.

Nos *Versos-Raiz do Caminho do Meio*, o grande mestre Nagarjuna escreveu que, uma vez que não se pode considerar que o composto exista, o não composto também não poderia existir. Disse ainda que o samsara é apenas o nosso pensamento: "Quando não tivermos mais pensamentos, essa é a verdadeira liberdade".

A descoberta do estado natural incondicionado envolve um processo de aprendizagem, reflexão e treinamento de meditação. O mais importante dos três é a meditação. Ouvimos falar dos diferentes estilos da prática espiritual – tais como meditação, visualização e repetição de mantras –, mas é preciso entender que há apenas um propósito em todos esses esforços: aperfeiçoar a nós mesmos. Isso significa permitir que a nossa bondade fundamental se manifeste.

Atenção plena

Para desenvolver a quinta nobre qualidade, precisamos aplicar os ensinamentos na vida diária. O primeiro passo para desenvolver a bondade é a atenção plena, tornar a nossa mente o mais calma e clara possível. Isso é algo que podemos praticar todos os dias, onde quer que estejamos e seja o que for que estivermos fazendo. Precisamos estar conscientes de cada momento: "O que estou falando? Em que estou pensando? Como estou me movimentando?" Esteja atento momento a momento: antes de mover o corpo, antes de falar, e também durante o movimento e a fala. E, a seguir, continue atento, indagando: "O que eu disse, o que eu fiz?".

Existem muitos tipos de treinamento de meditação, mas todos eles se enquadram em uma das duas categorias: a primeira é meditar deliberadamente com esforço; e a segunda é praticar totalmente sem esforço, sem foco conceitual. A meditação mais profunda e mais verdadeira é o treinamento com ausência total de esforço, mas esse não é o nosso modo de ser. Estamos muito acostumados a usar o esforço – seja mental, verbal ou físico. A talidade incondicionada, que é o nosso estado natural, transcende qualquer tipo de construção mental e não requer esforço.

Aprendizagem, reflexão e meditação são muito importantes, porque precisamos reconhecer nosso verdadeiro estado básico. Ouvindo e aprendendo desenvolvemos familiaridade com os ensinamentos e, pela reflexão, nos convencemos de que são verdadeiros e fortalecemos nossa confiança. Aprendizado e reflexão são ações deliberadas que exigem um grande esforço; todavia, são essenciais.

Para sermos introduzidos diretamente à talidade incondicionada, nossa natureza básica tal como ela é, existem dois fatores que são muito úteis, mas não muito fáceis de obter. O primeiro fator é o amor e a compaixão incomensuráveis. Sempre que o amor for incontestável, quando a bondade e a compaixão forem inabaláveis, haverá um momento de abertura para realizarmos o estado natural incondicionado. O outro fator é a devoção sincera e a percepção pura e incontestável do estado natural incondicionado. A partir dessas experiências, surge espontaneamente o respeito e a percepção pura em relação àqueles que já realizaram o estado natural incondicionado e têm a capacidade de revelá-lo aos outros. Esse respeito inclui também a genuína apreciação por todo aquele que pratica com seriedade e faz os treinamentos dos ensinamentos budistas.

Em resumo, a verdadeira prática budista é tentar o nosso melhor para gerar em todos os seres as verdadeiras fontes de felicidade e bem-estar – amor e compaixão incomensuráveis, a inconfundível realização do estado natural, a natureza incondicionada inata – e, ao mesmo tempo, remover as causas do sofrimento, que são o desejo, o ódio e uma mente fechada. É isso o que significa ter um bom coração.

O amor e a compaixão podem ser expandidos até que se tornem infinitos, genuínos e imparciais, sem distinções entre amigos, inimigos e estranhos. Devemos persistir em nossos esforços até que tenhamos removido o menor obstáculo ao nosso amor e à nossa compaixão. Só quando nosso amor e nossa compaixão se tornarem incomensuráveis é que serão verdadeiramente sem esforços.

Enquanto isso, nossa perseverança deve ser alegre e espontânea. Tal perseverança nasce da nossa consciência do estado natural incondicionado e, portanto, não é apenas admiração, desejo ou anseio. À medida que a compreensão da nossa verdadeira natureza se torna mais forte e mais profunda, desenvolvemos uma relação de total confiança. Depois de termos verdadeiramente reconhecido o estado natural tal como ele é, a compaixão espontânea e sem esforço começa a florescer enquanto prosseguimos com o nosso treinamento. A compaixão sincera se irradia da parte mais profunda do nosso coração. Não conseguimos evitá-la, ela brota naturalmente!

Antes de tomarmos consciência desse estado natural, recriamos estados dolorosos o tempo todo por causa da nossa confusão. Mas, se nos treinarmos continuamente, reconheceremos que, por baixo dessa confusão, há um estado natural incondicionado. Começaremos a perceber que cada emoção autocentrada fica mais branda e diminui sua força por conta própria. À medida que o sofrimento e a preocupação diminuem, nossa maneira confusa de vivenciar as coisas também diminui. Só então começamos a realmente entender como os outros seres se sentem. Podemos nos perguntar: "O que posso fazer para ajudá-los? Se eu não os ajudar, quem o fará?" É aqui que a verdadeira compaixão e a devoção sincera e inabalável começam a crescer dentro de nós. Chamamos a isso de "o despertar da confiança inabalável ou irreversível".

A verdadeira confiança começa com a forte confiança nas instruções que revelam essa natureza. Após termos a experiência direta de que elas funcionam, é claro que nos sentimos confiantes. Isso também se estende para a origem das instruções, para a pessoa de quem as recebemos. Somos gratos a ele ou ela, bem como a toda a linhagem de transmissão por meio da qual essa instrução chegou até nós. Essa é a verdadeira devoção. Juntas, a compaixão sem esforço e a devoção imperturbável somam forças para que o nosso treinamento se desenvolva rapidamente e se aprofunde cada vez mais. Nossa prática é fortalecida até o ponto de se tornar inabalável, assim como uma forte rajada de vento atiça ainda mais o fogo em uma pilha de lenha.

O grande mestre Atisha refletiu sobre o que significava ser realmente sábio, e concluiu que a verdadeira sabedoria é realizar a ausência de ego. A verdadeira ética ou disciplina é ter domado e suavizado o seu próprio coração; quando isso acontece e somos realmente cuidadosos, atentos e conscientes, essa é a verdadeira disciplina. Qual é a maior virtude? Atisha disse que é ter profunda atenção e cuidado para o benefício e o bem-estar dos outros. Qual é o principal sinal de sucesso ou realização? Não é ter clarividência nem poderes milagrosos, mas ter menos emoções autocentradas. Isso pode soar como frases simples, mas, na verdade, são muito profundas e de grande benefício, se permitirmos que entrem no nosso coração.

Extraído de um ensinamento oferecido por Chökyi Nyima Rinpoche e publicado na Buddhadharma Magazine *em 2007, Edição de Primavera.*

UTILIZANDO OS CINCO PODERES NESTA VIDA

❖

A prática do Dharma –
por onde começar?

Todos nós sabemos que o Dharma é vasto e profundo. Nossa consciência dessa profundidade se torna cada vez maior por meio do estudo, da reflexão e da prática dos ensinamentos. Por meio da nossa experiência pessoal desenvolvemos uma ideia sobre a profundidade e a vastidão do Dharma. No entanto, exatamente por essa razão, às vezes precisamos receber instruções essenciais que nos ajudam a praticar a verdadeira mensagem de Buda. Caso contrário, podemos até nos sentir oprimidos pela imensidão dos ensinamentos, sem saber por onde começar. Ou seja: se não recebermos as instruções mais essenciais, não saberemos como nos tornar um praticante.

O interessante é que o único propósito dos ensinamentos dados diretamente por Buda é apresentar métodos que nos ajudam a domar a nossa mente, suavizar o nosso coração e nos tornar uma pessoa melhor. Esses métodos foram transmitidos pelos mestres das linhagens, seres sábios e realizados, seguidores do Buda Shakyamuni. Esse é o único propósito de todo o ensinamento do Dharma. Portanto, não importa se estudamos o Dharma em suas especificidades por um longo período ou apenas por um curto período, os resultados devem ser os mesmos – nos tornarmos mais flexíveis e amorosos.

Vantagens da aprendizagem e da reflexão

Estudar as palavras de Buda ou ler os comentários escritos por grandes mestres sábios e realizados que esclarecem seus ensinamentos são métodos excelentes para alcançar o extraordinário insight e a genuína compreensão que resultam do aprendizado e da reflexão. Poderemos também dissipar quaisquer equívocos ou enganos a fim de eliminar as nossas dúvidas. No entanto, embora esses tipos de insight sejam excelentes, são meramente intelectuais e não são suficientes. Por quê? Porque não constituem a realização final.

Todavia, quando os ensinamentos penetram no nosso coração e aplicamos o insight claro e genuíno recém-adquirido com o aprendizado e a reflexão, qualidades verdadeiramente nobres são reveladas. Quais são elas? Descobrimos uma mente que é inteligente, extremamente aberta, relaxada, cuidadosa, flexível, ágil e capaz de repousar calmamente em todas as situações. Essa perspectiva torna possível aumentar o desenvolvimento de nossa compaixão e de nossa amorosidade em relação aos outros para uma dimensão cada vez maior. Nossa inteligência e nossa satisfação também aumentam de forma significativa.

Além de desfrutar de um estado mental pacífico baseado na compreensão intelectual adquirida com o aprendizado e a reflexão, chegaremos a um entendimento baseado na nossa própria experiência e a um insight autêntico sobre a natureza das coisas tal como elas são. Isso ocorre em múltiplos níveis e graus.

Em última instância, descobriremos a sabedoria da iluminação, por meio da qual percebemos a natureza fundamental das coisas como elas são em toda a sua diversidade e multiplicidade. Essa é a finalidade última. A partir desse insight supremo, tais qualidades se revelam gradualmente.

Os ensinamentos do Dharma são para ser aplicados

Todos os ensinamentos dados por Buda são instruções práticas voltadas para a aplicação direta. Vocês não concordam? Isso significa que colocamos o Dharma em prática para ganhar experiência. Se não formos capazes de desenvolver uma experiência direta daquilo que o Dharma ensina, se nunca realmente nos tornarmos autênticos praticantes do Dharma, então seremos como alguém que morre de sede às margens de um rio caudaloso.

> Rinpoche bebe da sua xícara de chá e brinca com a plateia: *"Será que isso é vodka?" Hahah!* (risos). *Ouvi na CNN que se uma pessoa beber café ela se torna muito inteligente. Eles dizem qualquer coisa para ganhar dinheiro, mas eu não acredito nisso. Não vamos ficar mais inteligentes se bebermos café, talvez só um pouco zonzos. Talvez até menos entorpecidos, porque o café nos faz acordar; mas, inteligentes? Como o café pode tornar alguém inteligente? Então, qualquer coisa poderia nos tornar mais espertos. Eles podem muito bem dizer que a Coca-Cola nos faz ficar ativos ou que a cocaína nos torna inteligente, mas será?*

Independentemente do fato de termos muita, alguma ou quase nenhuma experiência com o aprendizado e a reflexão dos ensinamentos, podemos nos beneficiar imensamente com as instruções orais. Devemos nos lembrar do valor e dos benefícios do treinamento da mente, *lojong* em tibetano. As instruções sobre o treinamento da mente estão disponíveis e acessíveis em textos como o *Bodhicharyavatara*, traduzido para o português em *O caminho do bodisatva*.

> Rinpoche: *Sempre que alguém perguntava a um de meus professores, o Lama Kunu Tenzin Gyamtso, o que ele estava praticando, sua resposta era: "Estou recitando o Bodhicharyavatara". Ele era um mestre muito sábio e altamente realizado, mas sempre dizia: "E até isso eu não faço bem. Não sou capaz de praticar de acordo com a abordagem deste tratado – simplesmente não consigo!"*

Os Cinco Poderes que sintetizam o treinamento da mente

No contexto do treinamento da mente, algumas vezes ensino os Cinco Poderes. Muitos de vocês já receberam inúmeras vezes esse ensinamento dado por mim ou por outros mestres e praticam essas instruções. Em todo caso, vamos recapitular esses Cinco Poderes que sintetizam o treinamento da mente.

1. O Poder da Determinação

Quando acordamos pela manhã, devemos assumir um compromisso: "Vou passar o dia de hoje como um praticante e vivê-lo como os bodisatvas, treinando minha mente nos Cinco Poderes". Uma vez criada essa determinação, o que acontece em seguida? Com certeza, será mais fácil nos conectarmos com a prática e treinarmos durante todo o dia por causa da determinação que assumimos ao acordar. De fato, a facilidade com que aplicamos o treinamento da mente em nossa vida diária corresponde diretamente ao grau de determinação da decisão tomada no início do dia. É de extrema importância que comecemos o dia com um firme compromisso e nos lembremos disso repetidas vezes. Essa atitude vai automaticamente garantir nosso treinamento do cultivo dos dois aspectos da *boditchita*: amor compassivo e insight sobre a verdadeira natureza dos fenômenos. O desenvolvimento da *boditchita* é o resultado direto de nossa determinação, o primeiro dos Cinco Poderes.

2. O Poder do Hábito

O que é o Poder do Hábito, ou o Poder da Familiaridade? Refere-se ao treinamento nas seis *paramitas* (seis perfeições) e nos dois aspectos da *boditchita*, ou mente da iluminação. Por meio dele imitamos a prática principal de um bodisatva. Qual é essa prática? Os bodisatvas treinam nas seis paramitas: generosidade, disciplina, paciência, diligência, concentração e insight. O cultivo dessas qualidades de maneira cada vez mais abrangente é conhecido como o "treinamento do bodisatva".

A generosidade é a primeira paramita, ou perfeição. Generosidade não significa necessariamente dar coisas materiais ou dar ajuda financeira aos que têm extrema necessidade. Devemos desenvolver generosidade quer estejamos envolvidos com pessoas pobres ou ricas. Devemos viver uma vida permeada de ações generosas. De novo, isso não se refere apenas a doar coisas. Ser generoso também significa aliviar a ansiedade dos outros ou ajudar as pessoas a fazerem contato com o treinamento espiritual, tornando acessíveis os ensinamentos do Dharma. Devemos adotar esse tipo de generosidade.

Baseados na constância da nossa determinação, nós nos sentiremos naturalmente generosos e cultivaremos qualidades conducentes à generosidade, não apenas na nossa sessão de prática, mas também nas nossas atividades diárias – ao andar, sentar, comer ou deitar. Toda a nossa vida será um exercício de doação. Com um profundo envolvimento com o treinamento da mente, estados mentais favoráveis, tais como atenção plena, vigilância e discernimento, também se manifestarão com mais facilidade.

Disciplina é a segunda paramita. Basicamente, disciplina significa se abster de prejudicar os outros. Quando desistimos de prejudicar os outros e abandonamos a base causadora do mal, então o nosso treinamento em disciplina foi bem-sucedido. Se vamos conseguir isso ou não depende de quão genuína é a nossa determinação de praticar a disciplina.

Paciência é a terceira paramita. O melhor tipo de tolerância é a capacidade de suportar uma situação muito difícil, tal quando os outros nos prejudicam diretamente, agredindo ou infligindo qualquer tipo de dor física. Devemos permanecer flexíveis, tolerantes e capazes de aceitar as ofensas, sem ficar irritados nem agressivos. Se conseguirmos fazer isso, é porque conseguimos desenvolver muito bem a prática da paciência.

Como praticantes do caminho, com certeza devemos ser capazes de tolerar ouvir palavras desagradáveis que, em outras ocasiões, nos irritariam ou perturbariam. Assim, nos treinamos no desenvolvimento de um estado mental realmente conciliador que afasta a raiva e a hostilidade.

Diligência é a quarta paramita. É a capacidade de colocar o treinamento em prática com regularidade, sem interrupções, tendo prazer em praticar o que é saudável e virtuoso. Em essência, isso é diligência. Se vamos conseguir exercitar a diligência durante o dia, isso mais uma vez depende da força da nossa determinação. Se estivermos realmente comprometidos com o treinamento, é certo que seremos diligentes. É uma relação natural de causa e efeito – se estivermos comprometidos, então, com certeza, celebraremos o que é bom e virtuoso.

Concentração é a quinta paramita que, nesse contexto, se refere basicamente à prática de *shamata,* segundo a qual deixamos nossa mente repousar serenamente, em calma. A concentração abrange também todos os vários métodos disponíveis para ajudar a mente a atingir esse estado.

Insight é a sexta paramita. Quando falamos do insight a respeito de como as coisas são e o modo como se apresentam, isso se resume à *boditchita* absoluta, ou seja, a mente suprema da iluminação, que é o insight perfeito ou *prajna*. Todo o nosso treinamento em aprendizagem, reflexão e meditação tem o propósito de realizar esse insight perfeito. Assim, a sexta paramita inclui todos os aspectos do cultivo do conhecimento e do insight.

Qual é o ponto principal do treinamento do bodisatva? É abandonar todas as esperanças e desejos egoístas. Devemos praticar sem qualquer desejo de sermos venerados, reconhecidos ou premiados por nosso comportamento. Os bodisatvas não têm nenhum interesse nessas coisas; pelo contrário, evitam deliberadamente qualquer expectativa de resposta positiva ao seu treinamento. Por exemplo, nossa generosidade deveria emergir do amor e do cuidado genuínos, do desejo de ajudar e dar suporte aos outros, sem nenhum desejo de ganho pessoal, tal como ser respeitado ou reconhecido. Essa atitude é essencial para que o nosso treinamento de bodisatva seja verdadeiramente puro, imparcial e eficaz.

Se desde o início tivermos um sólido compromisso com a prática das seis paramitas, seremos capazes de alcançar um extraordinário estado mental, profundamente tranquilo e impregnado de amor e compaixão. Vamos usufruir de um estado mental extremamente brilhante e lúcido, e os outros terão prazer de partilhar da nossa companhia. Além disso, nossa perspectiva mental será realmente salutar e pura, tanto em relação ao que nos acontece quanto ao que acontece com os outros.

Quando realizamos o treinamento do bodisatva, é importante observar as mudanças na nossa atitude mental. Quando nos treinamos no Poder da Determinação e no Poder da Familiaridade, que é a prática das seis paramitas, certos resultados devem surgir. Cabe a nós acompanhar o nosso progresso. Por quê? Porque algumas experiências ocorrem quando praticamos de modo genuíno; se elas não se manifestarem, isso é um sinal de que algo está errado com a nossa prática.

Como praticantes do Dharma, é importante observarmos mudanças positivas ficando evidentes ano a ano, mês a mês e até mesmo de um dia para o outro. De tempos em tempos, devemos olhar para trás pensando, por exemplo, sobre o ano anterior – o que fizemos, qual era nosso hábito mental, qual era a nossa experiência, como era o nosso relacionamento com os outros, comparando tudo isso com nosso estado atual. Faça esta revisão a cada mês. Olhe para o mês anterior e descubra se você melhorou ou não. Reveja a sua semana ou mesmo o dia de ontem e pergunte-se: "Onde eu estava?

O que eu estava fazendo? Qual foi a minha experiência? Como ela é agora?" Se estivermos sendo bem-sucedidos, sendo autênticos praticantes do Dharma, seremos capazes de perceber uma evolução positiva até mesmo de um dia para o outro. Ou, então, deveríamos pelo menos notar uma mudança positiva ao revisarmos o mês anterior; no mínimo, essa mudança deveria ter ocorrido nos últimos doze meses. Se nenhuma mudança for perceptível, então, estamos apenas nos enganando, iludindo a nós mesmos.

Em resumo, devemos nos acostumar com determinadas qualidades – a nossa mente deve ser brilhante, lúcida, pacífica, amorosa em relação a todos. Esses são aspectos com os quais deveríamos nos familiarizar cada vez mais.

A perspectiva de um praticante do Dharma contradiz a de um ser senciente comum. Seres sencientes comuns têm muitas esperanças e desejos, mas pouquíssimo contentamento. Os praticantes do Dharma são capazes de libertar sua mente dos propósitos e das atividades egoístas e, em vez disso, desfrutar e apreciar intensamente o momento presente.

Como exemplo, a prece *Chamando o mestre que está distante* diz:

> "Embora eu tenha tudo, ainda assim quero mais e mais. Dessa forma, continuo a me deixar enganar e iludir pelos fenômenos irreais e ilusórios."

Os praticantes do Dharma são capazes de evitar essa armadilha porque têm uma perspectiva extremamente inteligente. Por quê? Porque sua visão e sua experiência não estão presas ao nível do que apenas parece ser; eles já se tornaram receptivos e abertos ao entendimento de como as coisas realmente são.

Durante nosso treinamento, há muitos sinais que nos informam se está ocorrendo uma mudança para melhor. Por exemplo, quando praticamos a generosidade, devemos ter um desejo natural de ajudar os outros, muitas e muitas vezes, de modo genuíno, autêntico e constante.

Quando deixamos de prejudicar e ofender os outros, esse é um bom sinal. No passado, podemos ter dito umas coisinhas desagradáveis aqui e ali para machucar os outros, mas, se conseguimos refrear essa tendência, esse é um bom sinal. Se conseguirmos lidar com o que quer que seja dito a nosso respeito sem ficarmos irritados ou agressivos quando somos criticados, ou eufóricos quando somos elogiados, sendo capazes de manter o equilíbrio como praticantes no caminho, então, esse é outro bom sinal!

Se, com frequência, percebemos em nós um impulso natural voltado para a intenção positiva de ajudar os outros apreciando o que é benéfico, esse é um sinal de sucesso no desenvolvimento da diligência.

O que significa ter sucesso na prática da concentração? Basicamente, tudo se resume ao treinamento da prática de quietude (*shamata*) e do nosso grau de sucesso nessa prática. Permanecer alerta e consciente também é pertinente para o nosso treinamento em concentração. Se esses estados mentais ocorrerem de modo cada vez mais frequente, isso demonstra algum sucesso na prática da concentração.

> Rinpoche: *Shamata é muito, muito eficaz. Porém, se sentirmos sono ao fazê-la, como essa prática pode nos ajudar? Se mantivermos nossa atenção momento a momento e nos movermos na direção correta, então a prática de shamata é muito inteligente.*

Vipaśyana, conhecimento ou insight genuíno, é um tema muito, muito vasto e pode ser muito complexo. Poderíamos investigar, estudar e refletir durante meses e anos, a fim de descobrir esse insight extraordinário. Mas não temos tempo! Precisamos desenvolver a sabedoria e o conhecimento agora mesmo! Então, o que fazemos? Existem duas abordagens – a maneira mais importante para desenvolver o verdadeiro insight é reconhecer o estado desperto não conceitual no qual podemos relaxar na profunda simplicidade da vacuidade, sem construções mentais de existência, não existência, ambas ou nenhuma das duas – inteiramente além de quaisquer construções mentais. Se pudermos reconhecer o estado de profunda vacuidade baseado no despertar não conceitual, esse é o perfeito insight. Devemos ter sucesso ao fazer isso – a culminação da nossa prática é esse estado desperto.

No momento presente, se não conseguimos chegar a esse estado de realização, o que podemos fazer? Ainda podemos chegar a uma realização aproximada da vacuidade. O que é isso? É pensar, por exemplo, no fato de que tudo é ilusório e como um sonho que, embora todos os fenômenos pareçam ser reais, eles não têm nenhuma realidade. Isso é um pensamento, não é a verdadeira sabedoria não conceitual; porém, é um pensamento que está em sintonia com a realidade. É uma perspectiva conceitual que está de acordo com a verdadeira natureza das coisas; isso é completamente diferente de uma mente que acredita que todas as coisas que se apresentam diante de nós, os objetos dos sentidos, são somente o que parecem ser, objetos reais e concretos. Se pensarmos que "minha experiência dos objetos dos sentidos é perfeitamente válida; estou em perfeito contato com a realidade quando percebo objetos externos e crio conceitos sobre eles", tal perspectiva é incorreta e equivocada. Por quê? Porque contradiz a maneira como as coisas são.

Em vez disso, devemos nos esforçar para chegar a um entendimento conceitual da vacuidade – o entendimento de que as coisas não são permanentes da maneira que parecem ser, mas, na verdade, são impermanentes. Se conseguirmos desenvolver a consciência crescente da ausência de substancialidade e da natureza semelhante a um sonho de tudo o que aparece, isso será muito útil para nos aproximarmos gradualmente do insight perfeito que acompanha a verdadeira manifestação do despertar não conceitual.

Como isso acontece? Podemos contar com os vários tipos de raciocínio que estão à nossa disposição. Podemos, por exemplo, nos beneficiar dos argumentos elucidados no *Ornamento do Caminho do Meio* [Madhyamakalamkara], tal como a afirmação da ausência de um e muitos; e também do argumento baseado na "originação dependente", ensinado na *Introdução ao Caminho do Meio* [Madhyamakavatara]. Estudar e descobrir a natureza desses argumentos e entender seu funcionamento faz com que possamos retê-los na memória. O impacto que eles têm sobre a nossa mente é uma excelente maneira de começarmos a nos aproximar da noção de vacuidade.

O que caracteriza a maneira de pensar de um praticante do Dharma? Uma característica é o pensamento: "Bem, as coisas parecem ser duradouras, mas sei que são totalmente impermanentes." Esse ponto de vista é bem típico de um praticante do Dharma.

Como praticantes do Dharma, devemos gerar uma confiança especial – a convicção de que tudo o que vemos, ouvimos e sentimos é frágil, inconstante, não confiável e sujeito a destruição. Destruição é a natureza de todas as coisas! Por que é bom pensar assim? Porque todas as coisas estão, de fato, sujeitas a dissolução! A desintegração é a verdadeira natureza de todas as coisas. E ela vai acontecer! Se desenvolvermos familiaridade com o entendimento da natureza impermanente das coisas, quando a desintegração acontecer, será fácil lidar com ela.

Por exemplo: "As coisas se extinguem, acabam, deixam de existir!" Traga esse pensamento à mente repetidas vezes; assim, poderemos aceitá-lo quando o fim realmente acontecer. Quando nos tornarmos cada vez mais conscientes e estivermos em maior sintonia com a natureza impermanente das coisas, a arrogância, a presunção, o orgulho e, especialmente, o egoísmo perderão sua força e desaparecerão por si mesmos.

Quando percebermos o efeito que tais pensamentos têm sobre nossa mente e nossa experiência, entenderemos o propósito da prática. A prática não é perfeita, mas apenas uma aproximação. No entanto, ela terá um efeito bem definido, ou seja, naturalmente nos aproximará cada vez mais do momento em que poderemos iniciar a verdadeira prática.

3. O Poder das Sementes Virtuosas

Contamos com o Poder das Sementes Virtuosas quando percebemos que a nossa determinação não é muito forte, e quando encontramos dificuldade de nos familiarizar com o treinamento essencial das seis paramitas. Então, devemos recorrer a métodos adicionais, tais como acumular méritos, o que significa reunir circunstâncias favoráveis que facilitem o nosso treinamento.

Em síntese, acumulamos mérito por meio de sete práticas: prestar homenagens, fazer oferendas, confissão, regozijo, pedir ao mestre que permaneça, pedir ao mestre que gire a Roda do Dharma e dedicação de méritos. Em conjunto, essas práticas são conhecidas como "Sete Ramos" e cada ramo corrige uma determinada emoção negativa.

Com alegria e devoção, nos treinamos para prestar homenagem com o nosso corpo e a nossa fala. Por exemplo, fazemos prostrações trazendo à mente os objetos de refúgio, reconhecendo seus poderes e qualidades extraordinárias, nos lembrando de todas as qualidades benevolentes das Três Joias. Prestar homenagem serve como um remédio muito eficaz para dissipar a energia da emoção perturbadora do orgulho. A generosidade remedia a mesquinhez; a confissão corrige a raiva e a hostilidade. Regozijar-se com a felicidade e o sucesso dos outros corrige o ciúme e a inveja. Pedir que o professor gire a Roda do Dharma e permaneça sem entrar no nirvana remedia as visões errôneas e a ignorância.

Entre os três tipos de generosidade, dedicar todo o nosso mérito para a iluminação universal, ou seja, para que todos os seres se iluminem, é chamado de oferecer a "dádiva do Dharma". Isso garante que toda a nossa virtude se torne inesgotável; e essa energia permanece ao longo de todo o caminho até que alcancemos a iluminação.

Devemos nos treinar nos Sete Ramos todos os dias, não apenas como mera retórica, mas pronunciar as palavras e refletir profundamente sobre seu significado no nosso coração. Se confiarmos nesses sete aspectos da prática virtuosa, eles facilitarão em muito a manifestação da mente da iluminação, ou seja, a *boditchita* relativa e absoluta. Sentiremos que será muito mais fácil desenvolver o Poder da Determinação, o desejo genuíno de alcançar a iluminação e adentrar no caminho da iluminação para o benefício de todos os seres scientes.

Pelo poder da bondade que criamos com base nos Sete Ramos, o nosso exercício das seis paramitas se tornará cada vez mais eficaz e autêntico.

4. O Poder da Repulsa

O que é o Poder da Repulsa? Significa que começamos a ter um sentimento de repúdio por nossa perspectiva autocentrada habitual: "Desejo encontrar a felicidade; sinceramente, isso é o mais importante. Se os outros estão bem ou não, isso não tem qualquer relevância para mim." Precisamos identificar essa atitude como a principal responsável por gerar infelicidade para nós e todos os outros seres. Quando examinamos com sinceridade a nossa abordagem egoísta, ou seja, o nosso estado mental atual, um profundo sentimento de repugnância começa a surgir. Por quê? Porque ele invalida por inteiro aquilo que arduamente almejamos – ou seja, a total ausência de interesses egoístas e a determinação de que, não importa o que nos aconteça, o mais importante é a felicidade, o bem-estar, a liberação e a iluminação de todos os seres sencientes. Essa é a visão compassiva da qual, nós, praticantes desse caminho, nunca devemos abrir mão.

Quando entendermos que a nossa própria perspectiva autocentrada está em absoluto conflito com o que desejamos experienciar e ver desabrochar por meio da nossa prática, sentiremos profunda repugnância. Sentindo essa profunda repulsa, iremos além dos nossos próprios interesses. Desse modo, o Poder da Repulsa é um fator potente no qual todos nós podemos e devemos confiar.

Chökyi Nyima Rinpoche

5. O Poder da Aspiração

Sempre que fazemos aspirações, criamos um elo mediante o qual a nossa prática continua e se expande, de modo que seus efeitos serão sentidos por mais e mais pessoas. Portanto, é fundamental nunca ficarmos presos a pensamentos tipo "eu contra eles" ou "meu grupo contra os outros". Não devemos nos identificar com um círculo limitado de pessoas com o qual nos sentimos próximos, pensando que só o nosso grupo deve atingir a felicidade, o sucesso, a liberdade e assim por diante. Ao contrário, nossos desejos devem ser genuinamente altruístas. Devemos cultivar um coração genuinamente bondoso que aspira à felicidade, ao bem-estar e à libertação de todos os seres sencientes. Se desenvolvermos essa visão e fizermos preces de aspiração, o Poder da Aspiração será muito poderoso.

É bom nos lembrarmos desses Cinco Poderes porque eles são muito lógicos, fáceis de entender e bem aplicáveis. Quando acordamos pela manhã, nosso primeiro pensamento tem poder, de modo que devemos começar com: "Hoje manterei uma atitude saudável e me motivarei positivamente". Ter "motivações excelentes" se refere a cuidar, amar e respeitar todos os seres, não apenas nossa própria família e amigos. Devemos pensar: "Quero servir, ajudar e cuidar de todos os seres sencientes o máximo que puder!". É importante que a nossa motivação seja forte e pura, porque ela nos incentivará a avançar na direção correta o dia inteiro. Durante o dia todo vamos pensar positivamente, falar positivamente e agir positivamente. Nossa intenção positiva e pura terá o poder de nos levar do bom para o melhor, e nos impedirá de dizer qualquer coisa negativa, ter um mau comportamento ou até mesmo pensar de modo negativo. É isso o que chamamos de "força" ou "poder".

Que hábitos devemos cultivar e, com eles, desenvolver familiaridade? Dentro das nossas possibilidades, devemos nos familiarizar em manter uma mente amorosa, bondosa e atenciosa para com todos, de maneira genuína, imparcial e inteligente.

Existem dois tipos de inteligência. Um tipo de inteligência é amar os amigos e os inimigos igualmente. O segundo tipo de inteligência é saber que nada é confiável; tudo está em movimento e que, mais cedo ou mais tarde, vai se desintegrar e desaparecer. Devemos aceitar isso, mas, para as pessoas que não trabalham a espiritualidade, é difícil ouvir essa afirmação. Se lhes dissermos "um dia você chegará ao fim", elas vão pensar que as estamos criticando. Se lhes dissermos "um dia você vai ficar doente", elas vão pensar que estamos tentando desencorajá-las. Na verdade, não é nada disso: esses são apenas os fatos da vida e os praticantes do Dharma os aceitam, pensando: "Tudo está mudando. Hoje, tenho saúde, mas, mais cedo ou mais tarde, ficarei doente. Vou envelhecer. Tudo pode acontecer, porque tudo é mutável e eu aceito isso."

O mais importante é o Poder da Familiaridade ou do Hábito, mas, é claro, importa saber com o que nos familiarizamos. Esse hábito deve ser realmente positivo. Embora o treinamento tradicional dos Sete Ramos tenha grande eficácia física, verbal e mental, essa eficácia depende inteiramente da pureza da nossa motivação.

Se fizermos milhares de prostrações, mas não conseguirmos fazê-las com o nosso coração, o efeito será medíocre. Por outro lado, se fizermos apenas um punhado de prostrações genuinamente sinceras, elas terão um tremendo poder. O mesmo se aplica com o ato de fazer oferendas. Apenas imaginar que estamos fazendo oferendas com um estado mental puro tem um efeito incrível. Se oferecermos uma única flor com motivação pura, os efeitos serão inconcebíveis. Então, não é a quantidade, nem o valor, nem a pompa que faz a diferença – a verdadeira diferença está no poder da mente. Portanto, se você fizer oferendas muito suntuosas com uma motivação medíocre, elas não serão muito benéficas.

A tradição de fazer oferendas usando tigelas de água teve início no Tibete. Isso também existia na Índia, mas não se popularizou tanto lá quanto no Tibete. Oferecemos tigelas cheias de água, pois oferecer água não desperta em nós um sentimento de avareza, nem de arrependimento, por termos feito a oferenda. Como no passado o Tibete tinha água em abundância, ninguém enfrentava dificuldade para fazer esse tipo de oferenda. Espero que o mesmo ocorra em outros países, embora, em alguns deles, as pessoas hoje necessitem comprar água. De qualquer maneira, tempos atrás, havia muita água pura e cristalina no Tibete e ninguém precisava pagar por ela. Assim, quando os tibetanos a ofereciam, a água era fresca e de boa qualidade, além de não custar um único centavo. Ninguém sentia que perdia nada, nem se arrependia depois por ter feito a doação. A pessoa simplesmente se sentia bem. Nos dias de hoje, se fôssemos oferecer qualquer outro tipo de líquido, como um vinho caro, poderíamos pensar: "Hmm... Por que eu estou desperdiçando um vinho tão bom? É melhor eu beber esse vinho em vez de doá-lo". [*risos*]

Os Cinco Poderes são uma síntese profunda de todo o caminho do treinamento da mente, incluindo todas as instruções orais pertinentes. Podem ser aplicados nesta vida tal como os descrevemos acima, e também podem ser aplicados no momento da morte.

> *Esse ensinamento do Dharma foi oferecido por Rinpoche na Palestra de Sábado, realizada no salão principal de meditação do Monastério Ka-Nying Shedrub Ling em 14 de janeiro de 2006. A transcrição foi feita por Tina Lang Warren e a tradução para o inglês, por Thomas Doutor. Posteriormente, o ensinamento foi editado por Jangchub Khandro, em julho de 2010. Que todos os seres possam se beneficiar!*

UTILIZANDO OS CINCO PODERES AO MORRER

❖

Todas as vezes que recebemos ensinamentos do Dharma, nossa motivação e nossa intenção são de máxima importância. Nossa motivação é importante não apenas quando recebemos ensinamentos, mas sempre que refletimos sobre o Dharma. Todas as vezes que meditamos, devemos manter uma intenção saudável. Qual é essa intenção? É o desejo altruísta de que "todos sejam livres do sofrimento e alcancem o estado da completa iluminação". "Todos" quer dizer a totalidade dos seres sencientes, nossas mães do passado, sem nenhuma exceção. Então, estudamos, refletimos e meditamos a fim de trazer felicidade e liberação aos seres.

Quatro selos que caracterizam os ensinamentos de Buda

Os ensinamentos do Dharma podem ser resumidos em quatro tópicos chamados Quatro Selos, enunciados pelo próprio Buda com o objetivo de caracterizar os seus ensinamentos. Os Quatro Selos são:

1. Tudo o que é condicionado, é impermanente.
2. Tudo o que é contaminado, é doloroso. Toda emoção é sofrimento.
3. Todos os fenômenos são vazios e desprovidos de ego.
4. Ir além do sofrimento é paz.

Essas quatro máximas autenticam um ensinamento como sendo do Iluminado, pois seus ensinamentos sempre estão fundamentados nesses quatro tópicos. O que mais eles nos ensinam? Que a impermanência é um tema central no budismo e que cada praticante do Dharma deveria adotar a verdade da impermanência. Podemos facilmente comprovar que a impermanência é um fato da vida, pois sabemos por experiência própria que as coisas não perduram.

Buda disse também que tudo o que é condicionado – tudo o que é produto de causas e condições – está sujeito a se desintegrar e a desaparecer. A natureza dos fenômenos condicionados é que eles simplesmente não perduram. Isso também quer dizer que tudo que nasce deve morrer; é claro que isso inclui a todos nós, seres sencientes nascidos nesse mundo. A morte é um fato universal. O fato de que todos nós vamos morrer é também mencionado pelo grande mestre indiano Ashvagosha em um poema revelador:

> "Você já viu ou já ouviu falar de alguém, ou até mesmo já pensou se existe alguém, que tenha nascido, mas ainda não morreu?"

Com essa eloquente indagação, Ashvagosha mostra que todas as pessoas que nascem estão fadadas a morrer. A verdade é que, por causa da impermanência, o nascimento termina em morte. Para onde quer que olhemos, sempre vamos encontrar mais evidências do fato que, tendo nascido, os seres sencientes também têm que morrer. Nunca encontraremos alguém que tenha alcançado a imortalidade. Por quê? Porque não existe ninguém que tenha vivido desafiando a natureza impermanente das coisas. Não há necessidade de saber se haverá um tempo em que o nascimento não será mais seguido de morte. Tal como era no passado, assim é hoje e sempre será. Os fenômenos condicionados são impermanentes. Quando entendemos isso, uma sensação de incerteza cai sobre nós, não só porque um dia teremos que morrer, mas porque não sabemos quando nem em que circunstâncias morreremos. Talvez tenhamos uma morte súbita. Na verdade, a morte pode chegar de forma totalmente inesperada.

Aprendendo a arte de viver e de morrer

Um praticante espiritual é alguém que se treina e se prepara para a sua própria morte, a fim de enfrentá-la com habilidade. Por quê? Porque quando chegar a hora, a pessoa será capaz de morrer de uma maneira que está de acordo com os ensinamentos do Dharma, o que possibilitará que continue sua prática espiritual em vidas futuras.

Como todos somos seres sencientes, nossas vidas são condicionadas e impermanentes e, desse modo, é importante que saibamos morrer com habilidade. Segundo a abordagem Mahayana, com essa habilidade, poderemos transferir nossa consciência para uma terra pura durante a transição de uma vida para a outra.

Já falamos sobre os Cinco Poderes aos quais, como praticantes do Grande Veículo, podemos recorrer durante a nossa vida. Esses Cinco Poderes incluem as práticas de um bodisatva e nos ajudam a treinar a nossa mente. Se usarmos os Cinco Poderes com habilidade durante a vida, poderemos também contar com eles no momento da morte. No entanto, a maneira de aplicar os Cinco Poderes no momento da morte difere ligeiramente da maneira de aplicá-los em vida; porém, os princípios com os quais trabalhamos são exatamente os mesmos.

Por um lado, é bem deprimente pensar na morte, mas, por outro, cada um de nós, um dia, terá que aceitar a própria morte. Não sabemos quando ela vai acontecer e isso torna as coisas ainda piores. Se soubéssemos com certeza quando vamos morrer, talvez pudéssemos fazer um plano. Mas a maioria de nós realmente não quer saber a data exata da morte. Mesmo se alguém nos disser "você vai morrer quando tiver 80 anos", vamos pensar que 80 é um número terrível e não vamos querer aceitar esse fato.

Abandonando os vínculos e o apego

Shantideva, mestre indiano do século VIII, disse:

> "Todos nós precisamos morrer, mas desistir de tudo, deixar tudo para trás, é muito doloroso."

Nesse exato momento, se tivermos que abrir mão de algo, mesmo que pequeno, vamos descobrir que temos certo grau de apego e que não é assim tão fácil abandonar as coisas. Sentimo-nos desconfortáveis, talvez até irritados e tristes. Vocês conhecem esse sentimento, não é mesmo? Ainda assim, no momento da morte, teremos que deixar para trás não apenas as pequenas coisas, mas tudo o que temos, sem nenhuma exceção. Definitivamente, é uma situação dolorosa; entretanto, esse dia vai chegar!

Shantideva continua:

> "No momento da morte, que ajuda os amigos poderão me dar? O que meus parentes e minhas posses poderão fazer por mim quando eu estiver

morrendo? Quando o momento chegar, terei apenas um único suporte – meu próprio mérito e, apesar disso, até hoje eu não me apoiei nele."

Nesse contexto, "mérito", na forma mais simples do termo, significa um "bom coração". Poderíamos até dizer que, embora Shantideva tenha dito "mérito", na verdade, ele estava se referindo a um bom coração. Por quê? Porque todas as vezes que cultivamos um bom coração estamos naturalmente no caminho do que é bom e virtuoso.

Rinpoche (olhando para as flores que alguém ofereceu): *As flores são um exemplo muito bom de impermanência. Hoje elas parecem lindas, mas depois de poucos dias ou semanas como elas estarão, com que cheiro? Elas realmente são um ótimo exemplo de impermanência, muito mais eficiente dos que as sempre--vivas que nem sempre nos ensinam que tudo é impermanente. As flores nos ensinam essa lição de imediato!*

Como praticantes espirituais, é importante lidarmos com a nossa própria morte e lembrar que ela, a morte, pode ocorrer a qualquer momento. Deveríamos aceitar essa ideia e jamais nos esquecer dela. Por quê? Porque ela vai nos relembrar da urgente necessidade de adotar uma prática espiritual e assegurar que busquemos um método que possa ser aplicado quando a morte chegar. Devemos aprender como lidar com a experiência da morte e nos familiarizar com certo tipo de prática que nos ajudará nessa situação – precisamos estar tão familiarizados a ponto de poder exercer a prática com facilidade e naturalidade durante a experiência avassaladora da morte.

Em primeiro lugar, precisamos de uma prática adequada; depois, devemos nos familiarizar com ela para que possamos aplicá-la com sucesso. Caso contrário, mesmo tendo recebido a prática, se não desenvolvermos essa total familiaridade, seremos incapazes de aplicá-la quando for necessário. Então, as duas coisas são essenciais – ter a prática correta e ser capaz de fazer uso dela adequadamente.

Se pudermos contar genuinamente com os Cinco Poderes nesta vida, desenvolveremos familiaridade com a prática espiritual e, no momento da morte, seremos capazes de passar por essa experiência para o nosso próprio benefício. Tudo o que precisamos é simplesmente reordenar a sequência dos Cinco Poderes. Caso contrário, não teremos nada de novo para aprender e vivenciar.

A morte é uma experiência dolorosa. Há tipos diferentes de estados intermediários após a morte, conhecidos como "bardos". Os estados dos bardos podem ser aterrorizantes. Por que a morte é tão dolorosa? Por causa do nosso apego ao eu. Nossa atitude autocentrada é a verdadeira base do medo e da experiência dolorosa, tanto no momento da morte quanto após a morte. Essa atitude centrada no eu nada mais é do que um elemento perturbador e o principal incitador de sofrimento e pânico. Além disso, no processo de morrer, nossa percepção das coisas ficará distorcida e será difícil vermos as coisas com clareza.

Quando a morte chegar, temos que nos certificar de que não existe nenhum impedimento à nossa prática. De fato, deveríamos ser capazes de morrer de um modo que nossa prática espiritual seja facilitada. Obstáculos aos quais precisamos estar atentos durante o processo de morrer são o forte apego e a fixação, uma vez que eles impedem a prática e tornam a nossa experiência da morte muito mais aflitiva. Ao que somos apegados? Podemos ser apegados a muitas coisas. Algumas pessoas são muito apegadas à família, aos amigos, aos companheiros, a status e assim por diante; outras são extremamente apegadas às suas riquezas, aos bens materiais. Os estados mentais possessivos e os apegos se expressam de maneiras diferentes, mas, no entanto, representam a mesma emoção.

Na morte, sentimentos de apego aos amigos e aos entes queridos agitam inúmeras emoções perturbadoras que, por sua vez, alimentam ainda mais delusão. Portanto, lute contra o desejo de continuar ligado a seus amigos e familiares; em vez disso, deixe que o apego se dissolva. Faça bons desejos e dedique às pessoas queridas preces de aspirações positivas. Podemos deixar nossos amigos e entes queridos de uma forma significativa. De que maneira? Compartilhando nosso entendimento do caminho espiritual e dando conselhos edificantes e úteis àqueles que estamos prestes a deixar para trás.

Durante esta vida, é bem provável que tenhamos trabalhado com afinco para acumular muitos bens materiais, mas nem sempre fomos muito prudentes enquanto o fazíamos. Em busca de riquezas, muitas vezes nos entregamos a ações nocivas; na ânsia de obter lucros, nem sempre fomos inteiramente honestos, ou ainda enriquecemos causando sofrimento, mesmo que indireto, a muitos outros. Por exemplo, podemos ter exercido uma atividade em que muitos seres sencientes, como os insetos, acabaram perdendo a vida. Se assim tiver ocorrido, é óbvio que não geramos carma positivo capaz de amadurecer e proporcionar experiências agradáveis.

No momento da morte, o apego às coisas materiais vai perturbar a nossa mente e dificultar o estado de transição. Então, o que fazer?

Em termos de apego às nossas posses, enquanto ainda estamos vivos, deveríamos tentar afrouxar essa ligação tão intensa com os nossos bens; assim, eliminaríamos pelo menos um obstáculo que poderia pôr em risco uma transição favorável na hora da morte. Deveríamos também tomar a decisão consciente de oferecer essas posses para outras pessoas que possam usá-las de maneira positiva e significativa. É melhor distribuir para outras pessoas as coisas nas quais pusemos tanto esforço para acumular e, em especial, as que obtivemos causando danos a alguém. Desse modo, esses objetos trarão felicidade e benefício aos outros.

A prática do Dharma é uma técnica

O Dharma é uma técnica, e as técnicas precisam ser utilizadas. Por um lado, essas técnicas são muito simples e lógicas. Quanto maior o apego, maior será o sofrimento vivenciado; portanto, livremo-nos do apego!

O que é mais importante no momento da morte? Abandonar, desprender-se! Não se apegue a nada nem a ninguém – nem a amigos, familiares ou bens – porque não será possível levá-los consigo. Como temos que deixá-los para trás de qualquer maneira, precisamos nos desprender deles! Senão, se tentarmos segurá-los, intensificaremos ainda mais o pânico, o apego, o desconforto e outros venenos mentais no momento da morte.

Estamos todos sentados em uma sala de embarque. Fazemos de conta que não, fingimos que vamos viver para sempre, porém, estamos todos na fila aguardando a partida. Quando a morte chegar, dê a seus amigos e a sua família um conselho positivo de como viver bem e como morrer bem! Todos terão que seguir nessa mesma direção; então, cabe a nós dar um bom exemplo. Conduza a sua partida de uma forma bonita, pois isso ajudará àqueles que, mais cedo ou mais tarde, também vão partir. Esse é um pequeno conselho que vem do coração sobre a arte de viver e de morrer.

O pensamento budista aborda de modo muito profundo tanto os temas positivos quanto os negativos, não trata nenhum assunto de modo superficial. Gostamos de conhecer as vantagens e os inconvenientes da vida.

Nos dias de hoje, nas sociedades civilizadas, as pessoas não querem aceitar o momento da morte e, certamente, não querem estar diante de um cadáver. Nem querem estar diante do próprio lixo. Por exemplo, na Europa, o lixo é recolhido bem cedo, pela manhã, antes mesmo de o leiteiro fazer suas primeiras entregas. O lixo é colocado em um recipiente bem lacrado, mesmo quando não há ursos ao redor. Nesse contexto, o "urso" é o olho humano. As pessoas não gostam de ver o lixo; por isso, ele é logo escondido e, em seguida, descartado o mais rápido possível. Após ser reciclado, o lixo passa a ser bom de novo.

> Rinpoche: *Acho que em Londres as pessoas reutilizam a mesma água seis ou sete vezes. Elas coletam a água usada, passam por algumas máquinas e, depois, a reutilizam. Comparado a esse processo, as pessoas pensam que a água nepalesa é muito suja. É verdade. Mas, se pudéssemos passá-la por máquinas, todo mundo pensaria que é boa. Às vezes, as pessoas até bebem essa água que foi reciclada sete vezes. Hmm... Acho que isso é um pouco demais. De qualquer forma, o que fazer...* (Risos)

No momento da morte, nossa mente se torna muito lúcida devido ao nosso medo intenso. O pavor torna a mente realmente muito clara. Como nossa atenção ficará muito aguçada, as experiências positivas se tornarão intensamente vívidas e claras, e o mesmo acontecerá com as experiências negativas.

No presente, como é que a nossa mente funciona? Estamos pensando em algo interessante e, de repente, alguma outra coisa aparece e captura a nossa atenção. Quando o segundo pensamento assume o comando, o primeiro desaparece. Durante o processo da morte, não teremos muitos pensamentos, mas, ainda assim, eles vão parecer bem sólidos e reais. Todo pensamento será dominado pela esperança e pelo medo – a esperança de não morrer, esperança, esperança, muita esperança: "Doutor, você não pode fazer alguma coisa? Você tem certeza?" Ou: "Por que eu tenho que morrer? Ainda sou jovem e saudável! Por que eu? Eu quero viver mais! Por que Deus não está me ajudando? Por que o médico não me ajuda? Por que meus amigos não me ajudam? Quem pode me ajudar? Por que todo mundo está desistindo de mim?"

A mente se torna muito, muito estranha. Vemos as coisas de forma distorcida e dizemos coisas esquisitas. Não será fácil, até para nossos amigos mais íntimos, ficar ao nosso lado, porque nossa mente ficará muito confusa e muito, muito exigente, pensando: "Isto não é bom, aquilo não é bom!". Será realmente difícil nos agradar. Pedimos água, mas achamos que está muito quente e, depois, muito fria. Nada parecerá bom o suficiente. Sentimos frio e pedimos um cobertor para nos aquecer, mas ele vai parecer fino demais; a seguir, sentimos muito calor e o mesmo cobertor, então, parecerá grosso e pesado. Muito grosso, muito fino, muito quente, muito frio. Nossa mente realmente passará por todas essas sensações, fisicamente, porque estará hipersensível e bizarra.

Quando estivermos prestes a morrer, devemos fazer muitas preces para nossos entes queridos porque as aspirações positivas são extremamente poderosas nessa hora. No momento da morte, deveríamos pensar: "Dedico qualquer mérito que tiver acumulado nesta vida para que todos os meus entes queridos possam viver vidas maravilhosas, felizes, saudáveis e espirituais. Que possam cultivar um bom coração, fazer coisas boas, nunca se sentirem confusos e nunca fazerem mal aos outros."

Se acumulamos nossos bens materiais com muito esforço ou se os recebemos de presente de familiares e amigos, é nossa responsabilidade definir que sejam legados para um propósito construtivo e nunca usados de maneira nociva ou de um modo que gere problemas.

A prática dos Sete Ramos

Qual a melhor prática para ser aplicada ao morrer? Na tradição Mahayana, praticamos os Sete Ramos, que resumem muito bem o Poder das Sementes Virtuosas. Na verdade, todas essas práticas virtuosas se resumem aos Sete Ramos. Alguns versos explicam a natureza dos Sete Ramos e é bom memorizá-los:

> "Aos iluminados e aos seus descendentes, em todas as dez direções,
> Presto homenagens com uma mente brilhante e alegre."

Em tibetano, esse verso é muito bonito.

1) Prestar homenagem

No momento da morte, nossa mente deveria se ocupar apenas de imagens inspiradoras e positivas. Nunca deveria estar dominada por apego, raiva ou ansiedade:

"O que fazer? O que fazer? Agora estou perdendo isso, agora estou perdendo aquilo!" Tal apego só agita nossas emoções negativas. Em vez disso, devemos ocupar nossa mente com uma energia bonita e positiva. Por exemplo, podemos visualizar budas e bodisatvas e fazer prostrações mentais para eles, caso não possamos fazer fisicamente. Por que devemos homenageá-los? Porque eles estão cheios de amor e sabedoria. Se dermos valor a isso, também estaremos repletos de amor e sabedoria e poderemos realmente servir e ajudar incontáveis seres sencientes. Assim, manter nossa mente focada em prostrações mentais ou em prestar homenagem é extremamente positivo e tem imenso poder e energia para curar as incontáveis emoções negativas, tanto as de sofrimento quanto as de medo. Prestar homenagem é absolutamente essencial.

Chökyi Nyima Rinpoche

2) Fazer oferendas

Fazer oferendas é a segunda prática dos Sete Ramos. Tudo o que oferecemos deve ser algo passível de realmente ser compartilhado com os outros, sem gerar nenhum arrependimento por ter sido doado. Não precisa ser nada caro. Em verso, podemos dizer assim:

> "Com flores, incenso e lamparinas,
> Música, dança, alimentos e outros,
> faço oferendas materiais;
> Também faço essas oferendas mentalmente
> E convido a multidão dos Nobres para se deliciar com essas oferendas."

3) Confissão

A confissão é o terceiro dos Sete Ramos. O bom das ações negativas de corpo, fala e mente é que elas podem ser purificadas por meio da confissão e do remorso. Ao morrer, é extremamente importante reconhecer nossos erros, deixar brotar o arrependimento e confessar nossas transgressões de maneira muito aberta e direta.

Nesta vida, podemos não ter nos dado bem com algumas pessoas, e é possível que tenhamos ficado decepcionados ou zangados com elas. Ou talvez tenhamos nos aborrecido com nossos irmãos ou irmãs do Dharma. Às vezes, até estivemos irritados com o nosso professor ou com os próprios ensinamentos. Na verdade, não é bom abrigar sentimentos negativos em relação a nenhum ser senciente. Quando reconhecemos que nos desviamos e sentimos genuíno arrependimento, mesmo que tenhamos cometido um grande delito, podemos purificá-lo com a confissão. Por outro lado, pequenos malfeitos podem se acumular e se tornar um verdadeiro problema para nós se não pudermos reconhecê-los, sentir profundo arrependimento e confessá-los.

Como se faz a confissão? Em primeiro lugar, devemos reconhecer que fizemos algo errado. Em segundo lugar, devemos sentir remorso pelo que fizemos, pensando: "O que eu fiz estava errado e realmente me arrependo disso". Por fim, devemos reconhecer: "Agora, purifiquei esse comportamento indevido e ele foi embora para sempre. Minhas transgressões foram removidas." Isso é muito importante! Não tem sentido ficar por aí pensando: "Eu sou um transgressor".

Ainda tem algo mais que devemos guardar no nosso coração – a virtude. Devemos pensar: "Agora, o fardo tão pesado da transgressão se dissolveu e desapareceu. Seja qual for o mérito que eu possa ter, foi imensamente intensificado." Precisamos refletir sobre isso, realmente nos convencer e até dizer isso em voz alta. Repetir esse tipo de verso é psicologicamente curativo: "Que todos os meus erros sejam purificados, e que a bondade possa aumentar e se multiplicar". Essa declaração de bondade tem muito poder. Por favor, acredite em mim! Ela pode soar um pouco improvável, mas é muito potente.

Os versos para a confissão poderiam ser assim:

> "Qualquer transgressão que eu tenha cometido desde tempos imemoriais até os dias de hoje – sejam elas as dez ações negativas ou as cinco transgressões com consequências imediatas – tudo o que eu tenha feito sob a influência das emoções perturbadoras, com profundo arrependimento, agora confesso!"

4) Regozijar

Em seguida, vem o regozijo:

> "Regozijo-me com a virtude dos ouvintes, dos budas autorrealizados e dos bodisatvas

E também com a bondade dos seres
sencientes.
Seja qual for o mérito que acumularam,
Será causa do meu regozijo!"

Sentir alegria por aquilo que é verdadeiramente benéfico é muito significativo. Por exemplo, se nos alegramos com as ações genuinamente positivas, então, mesmo não tendo uma participação efetiva nessas ações, nossa disposição de nos regozijar contribuirá com aqueles que as executam e sentiremos os mesmos efeitos positivos. Por outro lado, se nos regozijamos com as transgressões, compartilharemos do demérito e do carma negativo acumulados pelos responsáveis por essas ações nocivas. Se alguém ou algo está causando grande sofrimento aos outros e endossamos esse mau comportamento, mesmo se não participarmos diretamente, só de pactuarmos com ele traremos muita infelicidade para nós, tal qual a infelicidade que o verdadeiro autor dessas ações horríveis possa vir a vivenciar.

Dependendo daquilo com o que nos regozijamos, essa alegria pode realmente promover mudanças. É um processo mental que decorre dos pensamentos que surgem na nossa mente; porém, seus efeitos podem ser extraordinários.

Quando vemos um praticante do Dharma ou um aluno do Shedra (centro de estudos de filosofia budista) estudando as escrituras e nos alegramos com isso, acumulamos um carma muito bom. Hoje em dia, alunos de todo o mundo vêm para o Nepal estudar no Shedra. Se nós, que nunca estudamos lá ou só estudamos por um curto período de tempo, nos regozijarmos e dissermos, do fundo de nossos corações: "Que maravilha que esses alunos estejam estudando com seriedade e realmente pareçam querer ajudar os outros seres! Que propósito excelente eles devem ter!", muita energia positiva será gerada. No entanto, se pensarmos: "Por que eles estudam tanto? Talvez isso seja totalmente desnecessário. Sinto muita inveja porque não tenho tempo para estudar." Tais sentimentos de raiva, inveja ou competitividade prejudicam tanto a nós quanto outras pessoas.

Quando vemos muitas pessoas praticando o Dharma e circum-ambulando uma stupa, fazendo prostrações, recitando preces e se envolvendo em outras ações virtuosas, é muito, muito importante, regozijar. Sempre ao ouvirmos que monges ou monjas de um monastério estão fazendo *puja*, se tivermos tempo, devemos entrar no local, fazer três prostrações e sentar por uns instantes. Ou, então, devemos apenas unir nossas mãos em prece na altura do nosso coração e pensar: "Sinto imensa alegria que estejam recitando preces por horas e horas. Eles devem estar cheios de sabedoria, compaixão e boas energias. Fico muito contente! Pelo menos posso participar mentalmente." Ao fazer isso, estamos realmente participando. É por esse motivo que o regozijo tem um poder tão grande.

Na esfera mundana, se as pessoas não religiosas – aquelas que não se preocupam com as questões espirituais – desejam viver felizes, elas precisam aprender uma técnica simples: regozijar-se com a felicidade dos outros. Se não soubermos como nos alegrar com a felicidade dos outros, nunca vamos encontrar a felicidade. Por quê? Porque não importa o quão bem-sucedido possamos ter nos tornado em termos de educação, renome, riqueza, status, influência e coisas do tipo, sempre haverá alguém que é melhor do que nós. Por isso, vamos ficar decepcionados muitas e muitas vezes ao longo da nossa vida e nunca seremos plenamente felizes – nem mesmo parcialmente felizes! Portanto, se você não tem uma crença, mas deseja a verdadeira felicidade, saiba que é muito bom se regozijar com as qualidades positivas do outro. Isso é inegável.

Outra inclinação importante é a apreciação por aquilo que temos; caso contrário, nunca nos sentiremos felizes. Se tivermos pouco, mas apreciarmos o que temos, seremos muito felizes.

Felicidade é o que realmente tem valor, não o nosso bom nome, poder, posses e coisas do gênero. Não coloque suas expectativas em objetos ou circunstâncias externas para obter felicidade. Se fosse verdade que circunstâncias externas, tais como ganho, poder e posição, pudessem nos trazer alegria, então deveríamos concluir que, quanto maior nosso ganho material, mais poder e mais fama teríamos, e maior seriam a nossa alegria e a nossa felicidade. Na maioria das vezes, porém, as coisas não são assim. Pelo contrário, muitas vezes nos parece que os que têm mais riqueza, fama e coisas afins têm mais medo, são mais competitivos e não desfrutam de autêntica felicidade. Tudo o que acumularam os deixam desconfortáveis e, ironicamente, seus bens passam a ser fonte de infelicidade.

Tendemos a imaginar que a infelicidade vem de fora de nós. Podemos pensar: "Não consegui ter isso ou aquilo, é por isso que sou infeliz". Mas será que a infelicidade vem realmente dos objetos externos? Não! A infelicidade está baseada em nossa incapacidade de apreciar o que já temos. Por favor, entenda isso com clareza. Há pessoas que têm poucas posses e, todavia, apreciam o que têm e são muito felizes. Eu vejo isso mais e mais.

Há cerca de trinta anos, os moradores de Boudha (um bairro de Katmandu) eram muito pobres. Suas casas eram de tijolos de barro com telhados de palha, comiam alimentos simples e viviam de maneira igualmente simples. Apesar de viverem em condições relativamente pobres, ainda tinham tempo para rir e brincar muito. Compartilhavam tranquilamente tudo o que tinham uns com os outros e, em geral, eram muito felizes. Mas, hoje em dia, as pessoas parecem estar mais contidas. Embora tenham um melhor padrão de vida, estranhamente parecem cada vez mais infelizes. Na verdade, poderíamos supor que, com mais e mais conforto material, elas deveriam desfrutar de uma felicidade cada vez maior, mas esse realmente não é o caso. Não é estranho?

No sudeste da Ásia, em países como Malásia e Singapura, existe o mesmo problema. As pessoas têm muitas coisas. Têm televisão no banheiro, no chuveiro, na cozinha, no quarto, na sala e até mesmo em frente ao vaso sanitário! Possuem vários outros itens de conforto. Os ricos e famosos têm carro à prova de balas porque têm medo de sequestros e de serem obrigados a pagar resgate. Quando vão a lugares públicos, precisam fingir ser outra pessoa. Essa grande ansiedade traz muito sofrimento a eles.

Quanto mais posses temos, mais medo sentimos, até que toda a nossa vida seja tingida por infelicidade. Podemos ter grande quantidade de bens, mas não poderíamos usufruir de todos, mesmo se quiséssemos. Não importa o quão rico sejamos, não podemos comer mais que cinco ou seis refeições por dia. Na verdade, é muito raro que qualquer pessoa consiga comer tantas vezes. Se mudássemos de roupa três ou quatro vezes por dia, o que as pessoas iriam pensar? O que você pensaria? As pessoas iam pensar que somos loucos e até você pensaria que está ficando maluco. Se tivéssemos nosso próprio jatinho, poderíamos voar por todo lado – ir às compras em Paris, jantar em Moscou e ir para a cama na mesma noite em Nova York. Mas como isso nos faria pensar e sentir? Teríamos *jet-lag* o tempo todo. Para quê?

A questão principal é que, se tivermos pouca apreciação, também teremos muito pouca felicidade.

> Rinpoche: *E quanto a nós, tibetanos? Mesmo sendo refugiados e tendo que deixar para trás tudo o que nos era mais querido – família, amigos, casa, posses – e correr, correr, correr, armas, armas, armas, sermos perseguidos e correr para não sermos pegos, nós ainda brincávamos, socávamos uns aos outros de brincadeira e compartilhávamos qualquer alimento simples que tivéssemos. Após a fuga*

do Tibete, os tibetanos se reuniam nas casas uns dos outros com muita frequência. Uns compravam os ingredientes para a tradicional comida tibetana, enquanto outros preparavam as refeições. Compartilhávamos uns com os outros o pouco que tínhamos e ríamos muito. Mas qual é a situação hoje? Essa característica alegre e original de uma "sociedade bem-humorada" está diminuindo, especialmente entre os tibetanos que vivem na Europa ou nos Estados Unidos. Eles vivem muito bem, têm uma vida civilizada, mas suas mentes estão mais tensas, deprimidas e cheias de medo. Precisamos encontrar o caminho do meio. Isso é muito, muito importante.

Mais uma vez, nos regozijarmos é indispensável para a nossa própria felicidade e bem-estar. Se alguém estiver na mesma situação que a nossa, vamos nos regozijar com sua boa sorte. Se alguém estiver melhor do que nós e pudermos nos alegrar com isso, não teremos que sofrer os tormentos do ciúme ou da frustração, não é verdade?

Rinpoche pergunta a um aluno sentado na frente dele: *De onde você é?*

Aluno: *França*

Rinpoche: *Como você diz "regozijar" em francês?*

Aluno: *Réjouir.*

Rinpoche: *Línguas e culturas não são fáceis. Em inglês, se você se sentir próximo a alguém, pode ligar para ele ou ela e falar: "Oi meu doce mel!" [em inglês,* honey; *tradução literal, "mel"; e, em linguagem popular, "docinho", "querido"]. Isso é lindo em inglês, mas se traduzir para o tibetano,* trang-tsi, *vai soar muito estranho. Se um tibetano chamar a namorada de* trang-tsi, *ela com certeza vai pensar que ele ficou maluco, porque os tibetanos nunca usam a palavra* trang-tsi *para os seres humanos. Para eles, mel é mel. Eu ouvi uma vez que, no Ocidente, algumas pessoas chamam umas às outras de "florzinha"* [em inglês, *buttercup*, botão-de-ouro]. *Se você traduzir isso para o nepalês, soa muito engraçado.*

Precisamos realmente conhecer quais termos podem ser usados em cada língua. Não podemos usar "mel" nem "florzinha" em tibetano ou nepalês, porque vai soar muito estranho nessas línguas. Se sua namorada realmente virasse mel, você ficaria muito decepcionado. [Risos] *Então, o que você faria? Isso seria um grande problema.* [Risos]

Nas músicas ocidentais, as pessoas que amamos são chamadas de "meu bem", "meu bebê"; em nepalês se-

ria "mero bachaa". Para nós, tudo isso soa muito engraçado, florzinha, bebê, mel... [risos] *Muito divertido!*

As Palestras de Sábado não são apenas ensinamentos sérios, mas também uma forma de entretenimento... [risos]. *Talvez vocês não tenham vindo aqui para receber ensinamentos, mas só para se divertir um pouco...* [risos]. *Ok, então, se um homem chamar sua companheira de "flor", ela deveria chamá-lo de "árvore" ou "pedra" ou "montanha": "Ó minha montanha!" Ou ainda melhor, "Ó meu Everest!"* [risos] *Ou quem sabe, "Ó meu pau-brasil", já que a madeira mais sólida é o pau-brasil. Quem inventou essas falas engraçadas?*

O regozijo é fundamental! Mas, agora, vamos analisar os três últimos dos Sete Ramos, que também são muito importantes.

5) Solicitar ao mestre que gire a Roda do Dharma

Com base em nossas súplicas, os ensinamentos continuarão a se manifestar neste mundo.

6) Suplicar aos mestres para que não morram

Pedimos aos professores para não entrarem no parinirvana, mas que permaneçam nesse mundo para o benefício de todos os seres.

7) Dedicação

Devemos dedicar toda a nossa virtude e o nosso mérito para o benefício de todos os seres sencientes. Todos os Sete Ramos são extremamente eficazes e devemos fazer uso deles no momento da nossa morte.

Como saberemos quando a morte está se aproximando? Talvez, com base em determinados sintomas. Os médicos podem dizer que a morte está próxima. É claro, devemos contar com a ajuda de um médico experiente, que seja da nossa confiança. Se ele ou ela nos diz que não há esperança, e que certamente morreremos em breve, então devemos pedir que nossos pertences sejam usados de forma positiva, aconselhar nossos entes queridos e nos treinar na prática dos Sete Ramos acima mencionados.

A parte principal e mais essencial da nossa prática de bodisatva deve ser cultivar o insight da inseparabilidade entre vacuidade, amor e compaixão. Os Sete Ramos são absolutamente indispensáveis, pois geram as condições que contribuem para chegarmos à autêntica compaixão iluminada, formada por compaixão e sabedoria indivisíveis.

Se não conseguirmos entrar de imediato no verdadeiro estado de sabedoria e compaixão abrangentes, podemos nos treinar nos Sete Ramos. Eles servirão como a causa para a experiência direta que vê a natureza das coisas tal como elas são, e inclui a vasta compaixão por todos os seres sencientes.

Alterando a sequência dos Cinco Poderes no momento da morte

Qual é a sequência dos Cinco Poderes no momento da morte?

[1] Comece com o **Poder das Sementes Virtuosas** quando estiver à porta da morte.

[2] Em seguida, recorra ao **Poder da Aspiração**, pois, como dissemos antes, a morte iminente tem um impacto intenso sobre a mente; devido ao medo da aniquilação, a mente se torna absolutamente clara e alerta. Quer tenhamos ou não uma crença ou fé religiosa, todos sentimos pavor no momento da morte.

Por causa dessa intensa clareza mental, todos os pensamentos que vierem a ocorrer se tornarão focos poderosos ocupando vividamente a nossa mente. Se pudermos nos voltar para algo positivo, o nosso estado mental vigoroso, vívido e extremamente focado será muito poderoso e, portanto, os efeitos de quaisquer aspirações serão muito aumentados. Que aspirações devemos fazer? Pense assim:

> "Que todos aqueles que, como eu, agora estão à beira da morte possam ter um coração bondoso e sábio! Que sejamos capazes de morrer com a sabedoria que compreende a vacuidade e a bondade amorosa como indivisíveis. Que todos nós possamos ser capazes de passar para além desta vida com um sentimento de amor benevolente para com todos os seres! Depois de mortos, que possamos retomar nossa prática espiritual da in-

divisível sabedoria e da compaixão por todos os seres sencientes, tanto nos estados do bardo quanto em todas as nossas vidas futuras!"

Dessa forma, devemos usar esse poderoso momento de passagem para orar por todos os infinitos seres sencientes, não apenas para nós mesmos ou para nosso círculo restrito de amigos e familiares.

[3] O Poder da Repulsa é o reconhecimento de que o cultivo do eu, nossa atitude egocêntrica, tem impedido a nós e a todos os outros seres sencientes de experienciar aquilo que realmente queremos – felicidade, bem-estar e assim por diante. Baseados nessa perspectiva egoísta, continuamos a vivenciar o sofrimento. No momento da morte, façamos a prece: "Possa eu nunca ceder a esse impulso egocêntrico que me coloca acima de todos os outros seres!" Tendo reconhecido esse

Chökyi Nyima Rinpoche

hábito mental nocivo, devemos descartar essa qualidade egoísta e autocentrada.

[4] O **Poder da Determinação** é pensar assim: "Vou encarar a morte como um praticante do Dharma. Quando a morte se apoderar de mim, no meu último suspiro, que eu possa entrar no estado compassivo de amor benevolente e no conhecimento que atinge o entendimento da ausência de ego!" Se pudermos dar o nosso último suspiro enquanto experienciamos a sabedoria que realiza a ausência de ego, isso será excelente!

Se pudermos gerar tal determinação, ela se tornará uma circunstância muito eficaz que nos permitirá fazer a passagem em um estado de espírito realmente bondoso, positivo, aberto e flexível. Como isso seria maravilhoso!

[5] Em relação ao **Poder do Hábito,** com o que devemos nos familiarizar? Com a bon-

dade amorosa e a compaixão ilimitada. Isso deve estar inserido na visão de que, mesmo que todos os fenômenos apareçam, eles não têm uma natureza substancial. A mente, em si mesma, é vacuidade, simplicidade, livre de qualquer complexidade.

Quando estivermos genuinamente familiarizados com esses poderes, poderemos morrer em um estado de quem realmente se importa com todos os seres sencientes, desejando-lhes abundante felicidade e bem-estar. Estaremos também profundamente relaxados, totalmente abertos e conscientes de que, embora tudo se apresente de modo vívido, claro e brilhante diante dos nossos cinco sentidos, todas as apresentações são totalmente irreais e não são o que parecem ser. Todos os fenômenos são ilusórios, como as aparições do sonho da noite anterior. Assim, apreciaremos a natureza profundamente vazia das coisas e entenderemos que as nossas experiências diárias – tudo o que vemos, ouvimos e com o que nos relacionamos (nós próprios inclusive) –, em última análise, estão muito além de tudo o que a mente poderia criar. Portanto, a natureza das coisas é a "grande simplicidade". Com esse estado mental, amor e compaixão perfeitos surgirão. Se pudermos morrer assim, a nossa morte será uma experiência maravilhosa e estará em perfeita sintonia com os ensinamentos.

Por isso, devemos ter um melhor entendimento dos Cinco Poderes. Procure sempre se lembrar deles. Mais uma vez, de forma sucinta, o primeiro poder, o Poder das Sementes Virtuosas, está incluído dentro dos Sete Ramos. Em segundo lugar, o Poder das Aspirações, que deseja que todos os seres sencientes, sem exceção, encontrem a felicidade duradoura e que ela seja perfeitamente abundante. Em terceiro lugar, o Poder da

Repulsa, que tem como alvo a causa do nosso sofrimento e também a dos outros. Qual é essa causa? A ignorância e a atitude egocêntrica que caracterizam um ser senciente comum. O quarto poder, o Poder da Determinação, é realmente essencial. Quanto mais firmemente presente esse quarto poder estiver, mais seremos capazes de genuinamente nos fundir com nossa prática do Dharma e morrer de uma forma perfeita.

Posturas importantes e o Portão de Brahma

Baseados na presença do Poder da Determinação, alguns praticantes espirituais são capazes de morrer sentados na posição vertical, na postura de meditação. Isso indica que fizeram a passagem de modo bem-sucedido, enquanto praticavam. Se quando a respiração cessar pudermos nos colocar pelo menos em uma postura de cócoras, ou sentada, isso será benéfico. Caso contrário, podemos usar a postura que o Buda Shakyamuni escolheu ao morrer – a postura de um "leão adormecido", ou seja, deitado sobre seu lado direito com a palma da mão sob o lado direito da face. Alicerçados pela presença do quarto poder, seremos capazes de morrer de uma maneira positiva e autêntica.

Uma coisa importante que devemos nos lembrar é que, quando estivermos à beira da morte, é altamente benéfico concentrar a nossa atenção na coroa ou no topo da nossa cabeça. Essa é uma prática tântrica muito poderosa que nos levará a um bom renascimento, uma boa viagem. Na verdade, devemos manter a nossa atenção frequentemente voltada para a coroa da nossa cabeça, especialmente aqueles que já aprenderam a prática de *phowa*, ou transferência da consciência. Em qualquer ocasião – seja na atividade de entrar, sair, andar, falar e outras, devemos manter a atenção sutil sobre o Portão de Brahma, ou seja, a coroa da cabeça. No momento da morte, a saída pelo Portão de Brahma é a melhor; outras aberturas não conduzirão a resultados tão bons. Então, não se esqueça de escolher a saída correta!

[preces de dedicação]

Este ensinamento do Dharma foi proferido por Chökyi Nyima Rinpoche em uma de suas famosas Palestras de Sábado; essa ocorreu no dia 21 de janeiro de 2006, no salão principal do Monastério Ka-Nying Shedrub Ling. O ensinamento foi transcrito por Tina Lang Warren, traduzido para o inglês por Thomas Doctor, e editado por Jangchub Khandro em julho de 2010. Que seja de benefício para todos os seres!

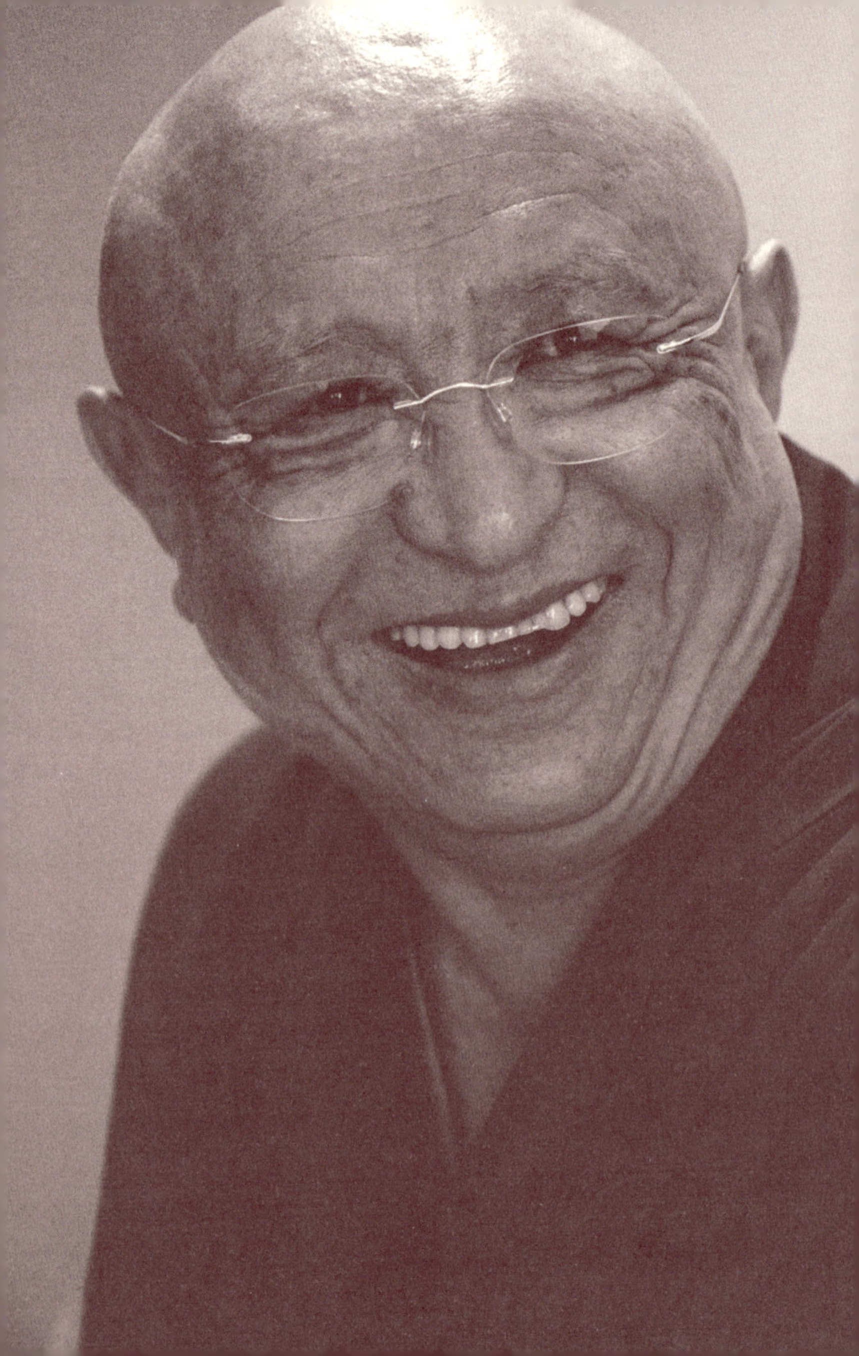

DISCÍPULOS!

❖

**Vocês não se sentem
tomados de alegria?**

Canção de realização espontânea,
por Chökyi Nyima Rinpoche

Na essência da realização
dos Budas,
Mestres dos três tempos,
O estado natural do Dharma
do significado definitivo,
Não há divisões entre budas
e seres scientes;

Sugatagarbha está presente
em cada um dos seres.
Ao refletir sobre esse estado inato,
sinto imensa alegria!

Todos os seres são enganados pelo
pensamento do apego ao ego.
Ao refletir sobre essa ilusão, sinto
profundo desespero!
O Mestre Guru mostrou a face
natural da consciência plena.
Ao refletir sobre essa liberação,
sinto-me repleto de admiração!

Isso não está tão distante;
está bem à nossa frente.
Não é muito difícil; é muito simples.
Que grande perda não reconhecer
O fato de que a nossa mente
comum atual
É o Buda já existente em nós!

Não encubra sua consciência
plena nua e vazia

Com camadas de subterfúgios
evasivos!
Não oculte a sua face natural
Nas amarras de um meditador
e seu objeto.
É chegada a hora da experiência
direta!

O sinal dessa experiência é a sua
natureza se tornando mais suave.
Fé e devoção brotam
espontaneamente.
Amor e compaixão emergem
naturalmente.
O oceano do entendimento
e da experiência transborda.

É indispensável praticar a visão,
a meditação e a ação,
Condensadas em um único ponto
essencial!

Dominando a fortaleza da
sua mente inata,

Você conquistou o ilustre
reino do dharmakaya.
Sem necessidade de esperar
um resultado futuro.
Discípulos! Vocês não se
sentem tomados de alegria?

Esta natureza inexprimível,
o despertar já existente,
Deveria ser entendida por
quase todas as pessoas,
Mas raras vezes alguém está
livre de fabricação mental!

Você pode ter o desejo de meditar,
Mas a não ser que essa
experiência venha do coração,
Meio entendimento não
conseguirá libertá-lo.
Que confiança haverá sem a
realização da verdadeira natureza?
Elucide a visão de uma vez
por todas!
Aperfeiçoe a prática,
repetidas vezes!

Pela extraordinária bondade do meu generoso pai e guru-raiz, senti que meu ser foi sutilmente liberado pelo aprendizado, pela reflexão e pela meditação do significado definitivo. Assim, diante da Stupa Mahabodhi, no Assento Vajra, local inigualável em que nosso Mestre chegou à verdadeira e à perfeita iluminação, eu, Surya Dharma (Sol do Dharma, Chökyi Nyima em tibetano), proferi esse desejo sincero no ano de 1990, para que pudesse me lembrar e inspirar outras pessoas. Possa essa ser uma causa para a realização desse propósito!

Extraído do livro The Union of Mahamudra and Dzogchen, *de Chökyi Nyima Rinpoche. Traduzido por Erik Pema Kunsang, e publicado por Rangjung Yeshe Publications em 1994.*

O selo eureciclo faz a compensação
ambiental das embalagens usadas
pela Editora Lúcida Letra.

Que muitos seres sejam beneficiados.

Para mais informações sobre lançamentos
da Lúcida Letra, cadastre-se em
www.lucidaletra.com.br

Este livro foi impresso em janeiro de 2021,
na gráfica da Editora Vozes, em papel Avena 80g,
com as fontes Sabon, Mortise e Rosella.